ACHIEVE THE ULTIMATE MANAGEMENT:

Manual For Leadership Improvement
Of Middle-Level Managers

把管理
做到极致

新中层领导力精进

曾 伟/著

中华工商联合出版社

追求极致是摆脱平庸唯一出路

没有平庸的事业，只有平庸的心态；任何平凡之事做到极致，都将造就了不起的成功。

大多数所谓的"聪明人"都有一个弱点：善于找"及格线"。特别是在工作中，他们比平常人更善于发现工作的底线，做事习惯踩着这条底线走，不求有功但求无过。这样的做法是最"经济"的，自己省力，旁人挑不出毛病，按部就班地走着，何乐而不为？

当"聪明人"都觉得"60分万岁"的时候，也有一类人选择了另外一条路。他们在想办法从60分做到80分，从80分做到100分！我们都知道，不断打磨一件事情，越到最后，越要付出呈几何倍数增加的努力。也许，只要花一分的力气就可以从0分到60分，而从60分到80分则需要花十分力气。若想从80分朝着100分精进，每走一步都需要付出一百分的努力。

一定会有人觉得，这样的选择太辛苦，是自己给自己找罪受。从人生的角度来看，我欣赏这样的人，他们有精进的毅力和勇气；从企业领导者的角度来看，我更渴望拥有这样的员工。如果这个人是我的朋友，我愿在他需要的时候伸出援手；如果这个人是我的下属，我更愿意给这样的员工更大的平台，更高的回报，让他继续有勇气坚持下去。毕竟，一个企业、一个组织想要不断乘风破浪、驶向远方，只有他们才能提供最可贵的推动力。

本书的作者，恰恰就是这样的人；而我也很庆幸，中旭集团里有如此出色的中层。当曾伟老师邀请我为这本书写推荐序的那一刻，说实话，我的感受是很复杂的，有意外和惊喜，也有欣赏与动容。

作者曾伟老师是一个力求精进的人，但他的成长速度依然超过了我的想象。他有天赋悟性，做事勤勉，自我要求很高，这是我和他在工作中相处都知道的事。但我没有想到，他竟然能在高强度的工作中抽出时间，把自己在工作中所积累的心得和经验编撰成书，且把中层管理的问题谈得如此透彻。这期间所付出的辛苦，可想而知。

但我想，这番辛苦是很有价值的。本书的诞生，不仅是曾伟老师本人价值观、管理理念的一次有益输出，也是对他过去职业生涯的一次成功总结，于人于己都大有裨益。

本书是曾伟老师的第一部作品，他自己表示某些细节仍有值得商榷之处。但我相信，这只是一个全新的开始，而不是最终的结果。对于"向上者"而言，极致并不是一个"目标"，而是一个过程，恰恰因为追求极致永无止境，所以才能够不断地提升和突破。

篇幅过长，恐怕喧宾夺主，就此搁笔，他日或有机会再叙不迟。

最后，真心恭喜曾伟老师新书问世，也真心希望每一位读到此书的企业管理者，都能够细细品味作者在实践中总结的心得与经验，并有所收获和借鉴。

王笑菲

中旭股份董事长

中层强，则企业强

一口气读完整本书稿，真的是感慨良多。

很高兴曾伟老师能够总结出这样一部带有实践经历的作品，它不仅为广大的企业中层管理者提供了极具实用价值的管理思维与方法，更为中旭智和商学系列丛书增添了一本重量级的管理书籍。

智和商学是国内专业化人才培养的先行者、共建商学院模式的开拓者，致力于为企业搭建自有化、专业化、多样化的企业学习平台，通过"金字塔理论模型"指导企业共建内部商学院，帮助企业实现"赋能、创新、突破、增长"的战略目标。

智和商学通过"共建、共享、共赢"的深度融合理念，将最前沿的管理理论与中国企业本土实践相结合，整合优质教育资源，为企业家和管理者提供全方位、多元化的专属教育平台，为企业突破发展瓶颈，实现可持续增长贡献力量。

　　这是智和商学的理念与使命，目的就是赋能本土的中小民营企业家，让他们带动团队，特别是中层管理者，共同学习。中层是企业中最重要的干部，是中流砥柱，是企业的命脉。

　　企业犹如一棵树的树根，中层就犹如一棵树的树干，企业需要中层来把根部的营养输送到枝枝叶叶，实现整体的延展和延伸。正所谓：中层强，则企业强。

　　智和商学不仅培养企业家，更强调赋能企业的中层管理者，让中流砥柱变得更强大。鉴于此，我们精心策划了有关中层管理的系列丛书，目的很明确，帮助企业打造强大的中层，也帮助中层锻造出色的管理能力。

　　作为智和商学的执行院长以及系列丛书的策划者，从这一选题的确立，到后期的整理和完善，我和曾伟老师共商讨了四次，目的就是希望能够呈现一个清晰的、系统的思路，让所有的中小企业经营者特别是中层管理，能在工作中有一个可参考的范本。

　　我们都知道，管理的工作并不轻松，尤其是新中层刚刚上任后，面临着角色、工作思路和方法的转换，更容易陷入管人与管事的纠结当中。从这个角度来说，曾伟老师的这本书，对有经验的管理者可实现查漏补缺的效用，而对新中层可实现工作思路和工作手册的效用。

　　读完曾伟老师的整本书稿，我也由衷地感受到：越是在优秀的团队里，周围越是充满优秀的同僚。未来，也希望有更多从事管理工作的精英们，能够加入智和商学，并参与到系列丛书的创作中，慷慨地分享自己的心得体会，与诸多同行们携手共赢。

张浩峰

智和商学执行院长

前　言

这本书，献给所有的中层管理者，特别是新的中层管理者。

在开始正文之前，我想先跟中层管理者探讨一个问题：管理究竟是一门技术，还是一门艺术？

你也觉得很难回答，对不对？事实，也的确如此。

当我们学习管理学的时候，它是技术，是能够习得的专业技能，有其自身独特的规律和原则。可当我们投身到管理实践中的时候，它却是艺术。因为，它需要管理者有创造性的思想，以及个性化的表达。

身为中层的你，肯定看过不少管理书籍，肯定也发现了一个事实：如果把书本上学到的管理理论，不假思索地照搬到管理实践中，就会发现四处都是"钉子"。因为，现实环境总是比理论上的更复杂一些。正如一个最伟大的作家也不可能完完整整地描绘出人间百态，管理理论再丰富，也难以解释所有的现实实践。

可是，如果我们不学习任何管理的技术，认为仅仅依靠天赋和本能，就可以成为一位优秀的管理者，那也是不现实的。纵然是这个世界上最有才能的人，也无法跨过基础知识的门槛，直接在实践中成为某个领域的佼佼者。

管理是一门特别强调理论联系实际的学科。一个毫无理论根基的人，不可能成为好的管理者。当然，从商学院里走出来的，也不见得个个都是管理精英。

特别是刚刚踏上管理岗位，或是来到一个新公司、新领域，即将开展新工作的"新中层"，更要积极地走上一条"知行合一"的道路，学习新知识，探索新方法，将理论和实际紧密联合在一起。让理论促进实践，让实践检验理论。

中层对于一个企业的重要性，可能比你自己想象中的还重要。

中层是一个企业的框架梁柱，图纸画得再好，框架偷工减料、达不到应有的强度，整个建筑也会摇摇欲坠。中层是一个企业的"夹心"，既要承受来自上层的管理压力，也要承受来自基层被管理的反弹力。

如果把企业形容成一块三明治，那么它好吃不好吃、价值几何，很大程度上取决于"夹心"的成色。可以说，中层是一个企业的中坚力量，决定了一个企业的价值。

中层的角色至关重要，当你踏上这个岗位的第一天，就应该认识到自己的使命变了。

从前，当你还是一名基层员工的时候，也许你是业务上的精英、是团队里不可或缺的骨干，但无论那个角色，那时

候你的责任只有一个——发挥自己的最大能力，体现自身的
最大价值。

可是现在，你的角色发生了变化，你是一个管理者了。你
要做的事情不仅仅是发挥出自己的能力，还要为其他人创造体
现个人价值的平台；你不再仅仅是独善其身，而是要把一个团队
中形形色色的人，一个企业里错综复杂的管理关系，有机地糅
杂在一起，理顺他们的关系，凝聚他们的力量，让他们形成合力，
创造个人无法企及的巨大价值。

没错，这就是作为新中层，你要面临的责任与挑战！

当你打开这本书的时候，我相信，你一定做好了承担责任、
面对考验的心理准备。接下来你所要做的，就是把"知行合一"
四个字落到实处，朝着杰出管理者的巅峰步步迈进。

中篇

——中层"新"挑战

上　篇

——中层"新"定义

Chapter/01　从"让我来"到"跟我走"

从现在开始，下属的能力就是你的能力

恭喜你，成为一名新的中层管理者。从这一刻起，你将迎来诸多改变：主动的、被动的；积极的，消极的；身份上的、角色上的……事情可能比你想象中要复杂一些，或许在未来的一段时间里，你将充分认识到"领导也不是那么好当的，也有那么多的糟心事儿"。

但不管怎么说，这是一个好的开始，值得庆贺。

在外部环境的改变开始之前，你首先要做的一件事情，是转变自己的观念。如果你的观念与你现在的身份、角色"不配套"，那么无论你付出多少努力，都可能是徒劳的。

在成为中层之前，你一定是一名优秀的员工，如同战场上

的先锋，冲锋陷阵、不避艰险、攻城略地。可是现在，你的角色发生了一些变化，你不再是那个心无他顾、埋头冲锋的人了，你需要随时观察自己身边的"战友"和属下——有人走错方向了，你要把他拉回来；有人消极避战了，你要激起他的斗志；有人战力不足影响全局了，你要给他找到一个合适的去处……这就是作为新中层需要转变的第一个观念——从"让我来"到"跟我走"。

《孟子·滕文公上》中提道："劳心者治人，劳力者治于人。"

"让我来"，就是"劳力者"的思维模式：凡事亲力亲为，在领导给予的计划和规则下，作为某项具体任务的实施者，努力地达成目标、完成使命。

"跟我走"，则是"劳心者"的思维模式：当你成为中层之后，你最大的作用不是发挥个人能力去解决问题，而是要把下属的能量聚集起来，把团队的智慧整合起来，把每一个下属的能力都变成自己的能力，然后充分地发挥出来。

从"让我来"到"跟我走"，是每一个新中层都要面对、都要跨过的第一道坎。现实的情况是，许多新中层都在这个坎上摔过跟头。

一位新晋上位的年轻管理者，在成为部门负责人之后，开始了一段糟糕的旅程。在他看来，自己的下属似乎都有点儿"不堪重任"，做一些简单的工作还好，一旦遇上具有挑战性的工作，没有一个靠谱的。

戴眼镜的圆脸姑娘小Y，遇到难事就是一副畏畏缩缩、浑浑噩噩的样子；部门"元老"张先生，像个"老油条"，千方百计地想着逃避难题，躲进舒适区里不愿意出来；新来的大学生小马，虽然冲劲儿十足，可做起事情毛毛躁躁，大纰漏没有、小问题不断……看着这么一帮下属，新中层的头都大了。

事情总得做呀！于是，他想："既然大家都顶不上去，那就我来，以身作则嘛！"然后，这位新中层又像从前在部门里担任业务骨干一样，冲在工作的第一线，天天加班到很晚。

过了一段时间，公司进行业绩评比，新中层发现，虽然自己天天累死累活忙得团团转，但是团队业绩不升反降。新中层很郁闷："这到底是怎么了？前任部门主管在卸任之前，基本上没心思管理本部门的工作，整个部门在他的感染下，每天都是懒懒散散的样子。我接任后，累得都快吐血了，怎么业绩比以前更差了呢？"新中层心高气傲，明明知道有问题，但不愿意向前辈们请教，他希望能够自己找到问题所在。

有一天，到了中午吃饭的时间，小Y过来问新中层："饭点到了，您要和我们一起出去吃饭吗？"新中层正在忙着工作，随口回复道："我先不去了，你们去吧。"于是，部门里的其他同事都一起出去了。

没过几分钟，一个其他部门的主管路过新中层的办公室，见他还在工作，说："到底是新官上任，忙得都废寝忘食了，可再怎么忙也不能不吃饭啊。"这位同事非要拉着他一起去吃饭，无奈之下，新中层只好放下手头的工作一起走了。

到了餐厅，那位主管非要请他吃饭，说是为了庆祝他高升。两个人走进了一个小包间，点了几道菜，一边吃一边聊着工作上的事情。

这时，隔壁包间里传来一个熟悉的声音，是新中层的下属张先生的大嗓门，很有辨识度。只听他抱怨道："你们说说，咱们这个新领导，真够可以的！什么事情都大包大揽，把咱们当成空气了！"

听到这番话，新中层很气愤："什么叫我大包大揽？给你事情做，你今天拖明天，明天拖后天，仗着自己资历老，把我的话当空气。现在居然把责任推到了我头上。"

紧接着，隔壁又传来一个较弱的声音，是小Y的。新中层隐约间听到她念叨："你们说，咱们的新领导什么事情都自己做了，咱们是不是就没用了？会不会有朝一日被他开除啊？"

小Y的话刚说完，新来的大学生小马说话了："哼，开除就开除，这是我的第一份工作，原本还想好好干、学点东西呢！现在倒好，一两件事情上出了点小问题，就被别人当空气。我有什么问题你指出来嘛，我又不是不能改？再说了，天底下谁不犯错？我做得好的事情他看不见，稍微有点纰漏，挑剔得不行！"

包厢里的气氛变得有点尴尬，光看新中层的脸色以及沉思的模样，那位请吃饭的同事也猜出了大概。同事朝他笑了笑，虽没点明，但还是"宽慰"了一句："员工对领导有看法也是平常事，鸡蛋里挑骨头呗！哪个部门都避免不了，毕竟立场和处境不同。"

新中层笑了笑，没说话，表面上好像不在意。但是，此时他的内心翻江倒海。倒不是因为员工背地里说自己"坏话"，而是因为他似乎找到了那个一直以来上下求索的答案。

从那天起，新中层改变了自己的工作风格，他不再大包大揽，能让员工去做的事情，就尽量交给他们。在此过程中，他也发现了员工们各自擅长的内容——

小Y的抗压能力差，突发事件、重大事件交给她处理，效果往往不怎么好。但是，这个小姑娘心细如发、记忆力超群。自己的文件写完后，校对两三遍还是会有问题，可交给小Y，校对一遍之后就很难找出错误了；工作上的一些计划和安排告诉小Y一遍就够了，之后无论什么时候问起，小Y都能清清楚楚一字不差地转述出来。

张先生虽然有一些职场"老油条"的通病，但他的活动能力很强，公司上上下下各个部门都有熟人，甚至公司以外行业内的朋友也是不少，让他负责对外的协调工作，是再好不过的帮手。

小马刚毕业不久，性格方面大大咧咧，做事也有点马虎，但他脑子灵光，总能有一些新点子冒出来。在工作经验上虽有欠缺，但也避免了一些定式思维，尤其是在其他人都觉得没办法的时候，他却能给出一些奇奇怪怪却行之有效的解决方案。

……

就这样，在不断的磨合中，新中层变成了老中层，部门的业绩也开始节节攀升。而这一切积极的变化，都源于一个观念上的转变。

每一位新中层，都需要完成从"让我来"到"跟我走"的转变，把下属的能力转变成自己的能力。唯有如此，才算是抓住了角色转化的精髓，进而顺利迈过中层职业生涯的第一道坎。

战术上的勤奋弥补不了战略的懒惰

中层，顾名思义，就是一个组织内位于中间层级的管理者。

试问：管理者到底是什么？在很多人看来，管理者职位是一个能够带来地位、级别和权威的通道。但正如影视剧中的浪漫情节与现实生活的落差一样，现实层面的中层管理工作跟很多人想象的相去甚远。换句话说，那些把管理和财富、荣誉、特权联系在一起，甚至等同起来的人，很难成为优秀的中层。

回归管理本质，中层管理者所做的工作，实际上就是一个"替代"的工作。他所替代的不是员工，而是老板和企业。究其这一特质而言，中层在现实工作中需要做好八件事，并具备与之匹配的八种能力。

·第一件事：负责实施高层管理者制定的总体策略，与上层有直接的汇报关系。

对应能力：极强的理解能力。

·第二件事：能够宏观把握部门的发展方向，并推动部门发展。

对应能力：优秀的管理能力。

·第三件事：制定计划、安排执行。

对应能力：出色的计划能力。

·第四件事：与平级有效沟通，并维持良好的关系。

对应能力：较强的社交能力。

·第五件事：把公司的战略分解为具体可执行的战术，明确地传达给自己的下属。

对应能力：极强的沟通能力。

·第六件事：维护团队的团结，解决团队成员间的不睦。

对应能力：团队的协调能力。

·第七件事：不断提升自己主管团队的能力的意愿，并且能够带动他人和自己一起进步。

对应能力：需要有自我驱动的能力。

·第八件事：发现问题、分析问题、分解问题、解决问题。

对应能力：超强的总结能力。

分析和认识这八件事以及对应的八种能力，我们不难发现：中层与基层最大的不同在于，基层需要战术上强大的执行者，而中层则更需要战略上精通的开路人。

从成为中层的那一刻起，你就要清楚地认识到，自己和从前不同了。从前的你，只需要做好一颗棋子就足够了。但是现在，你的视野要跳出棋盘上条条框框的限制，站得更高一点，看得更远一点。

需要注意，这里提到的"中层要站得更高一点"，指的是视野高，而不是姿态高。中层，尤其是新中层，一定要意识到这两者的区别。在现实工作中，有些新中层上位之后，高视野没有体现出多少，高姿态倒是显而易见了。这种做法非常不利于工作的展开，而从另一个角度来说，这其实也是格局有限、视野低下的一种体现。

中层的战略思维，最直接的体现就是"价值观"的树立。

一个基层员工可以通过"做事情的多少"来衡量自己的价值。同样的事情，别人一天完成了一件，你一天完成了五件，你的价值自然就比别人高。但是，作为一个中层，做得多不见得价值就高，唯有创造更多的"效益"，才能体现出更高的价值。

一个基层员工可以理直气壮地说："我没有功劳也有苦劳。"

这句话从他们的立场来看也不是完全没有道理。很多不理想的结果，并不是执行出了问题，而是战略出了问题。在这个时候，员工说"没有功劳也有苦劳"，就是一种事实。

然而，对于中层来说，这句话是万万不能说出口的。你能够在岗位上创造出效益，不用你去争辩，功劳苦劳全都是你的。没有效益，你将一无是处。这就是"中层"岗位带给你荣耀和利益的同时所展现出来的"残酷性"。很多老中层会经常感慨说："没有效益，连呼吸都是错的。"前辈诚不我欺。

不少人想当然地认为，战略是高层需要考虑的事，和中层关系不大。事实真的如此吗？我们知道，战略目标需要解答三个问题：

第一，战略目标聚焦在什么业务上？

第二，需要什么资源支撑业务和实现目标？

第三，企业的结构是否与业务和目标相适应？

通过这三个问题，高层管理者能够实现企业的终极目标吗？答案是，不一定。要让答案变成肯定，还需要有中层和基层强有力的执行力作为保障，尤其是中层。

有句话你可能也听过："赢在战略，成在管理。"中层是管理的中坚力量，是企业成败的关键。所以，中层必须具备战略思维，和高层思想统一、行动一致，分解企业的战略目标，围绕战略目标来开展企业所有的经营活动，最终实现企业的终极目标。

从基层到中层，是一个人由战术价值到战略价值的提升过程。认识到了这一点，才算是抓住了"中层"二字的精髓。如果中层没有战略思维的能力，就没办法承上启下，就会导致整体的执行力出现问题。毕竟，战术的勤奋永远不能弥补战略的懒惰。唯有在战略上有所认识、有所突破，才能让执行变得更精准、更有效。

自我驱动力，决定着中层的高度

每个人都需要向上的驱动力，每个企业都希望能够通过种种方式驱动员工不断向前。对于企业来说，驱动基层员工可以通过规章制度、奖惩措施等方式；但对于中层及以上的管理者，为了发挥其主观能动性，企业往往会放松硬性的要求。这个时候，中层的自我驱动力就显得格外重要了。

钟诚在公司干了五年，能力突出、业绩领先，深受领导赏识。领导有心提拔他，给他安排到了一个中层管理的岗位上。在领导看来，像钟诚这样既聪明又肯干的年轻人，经过一段时间的历练，将来一定能成大器。

钟诚顺利晋升为中层后，突然间发现，原来那些绑在自己身上的规章制度、条条框框，似乎都弱化了。早上不用按时按点地到单位了，如果有人问起来，可以说一句："哦，早上碰到一个重要客户，和他一起喝了个早茶，聊了点事情。"工作也没有那么"紧迫"了，原来每天要写汇报，每周要做一次比较大的总结，可当自己成为中层以后，只对单位的大领导直接负责。可大领导那么忙，有时候一个月都不见人影，所以很多事情都不用着急去做了。

凡此种种，钟诚过上了惬意的中层领导生活。可是，没过多长时间，钟诚从心态到行为上的变化就被领导发觉了。这个原本做事踏实的优秀员工竟成了一个混日子的中层，惹得底下的员工议论纷纷。领导颇有些恨铁不成钢，对另一位高管说："看来啊，钟诚这个人只适合在基层工作，不适合当管理者。"

几天后，钟诚被调离了岗位。更糟糕的是，他在这个企业中的"命运"和"前途"，也在这短短几个月时间里彻底地"定格"了。

钟诚的"变化"，其实也是很多新中层容易踏入的一个误区。他们忽略了一条道理：能力越大责任越大，岗位越高要求越高。越是职位提升，越要严格要求自己，不断地鞭策自己，提升各方面的素质。如果没有自我驱动的能力，是做不好中层管理者的，同时也是一种缺乏战略思维、"鼠目寸光"的体现。

那么，中层如何锻炼自我驱动的能力呢？

·每天学习一点新东西

"人到中层"，往往感觉时间越来越不够用了，所以很多人就放弃了学习和自我提升。这种做法万万使不得，中层竞争如此激烈，犹如逆水行舟不进则退，你不学习不提升，原地踏步，其实就是在退步。更可怕的是，退步的不仅是你的知识储备和能力，更是你的自我驱动力。所以，不放弃学习，在学习中不断地驱动自我，是一件必须要坚持的事。

·放下借口，自我分析

基层员工做事出了问题，或者没能完成任务，经常会找借口辩解。但是，面对同样的情况，中层不能找借口，更不能让下属独自承担责任。你是管理者，你要承担起大部分的责任。所以，无论部门里出现什么问题，具体的执行者是谁，中层都要先自我反思，然后尽量向前看、找出路，不要回头看、找借口。放下借口，就意味着你有更多精力不断奋勇前行，可以更好地保持你的自我驱动力。

·保持乐观稳定的情绪

一位企业家说过："企业的中层不快乐，就意味着整个企业都陷入到了消极境地中。"

中层的情绪状态映射着一个企业的中坚力量对现状的满意

程度。如果中层是快乐的，那就说明他对前景是乐观的，而这样的企业自然也是有前途的。反之，如果中层各个满脸阴霾，那么整个企业的氛围都会出现问题，进而影响全局。

从这个角度来说，中层能否让自己快乐，保持乐观稳定的情绪，也是一种"战略需要"。要知道，你的情绪不仅会影响到上层对局势的判断，也会感染基层的员工，让他们陷入负面情绪中，最终让整个企业受到严重的影响。

·把优秀当成"刚需"

拿破仑说过："不想当将军的士兵，不是好士兵。"把这句话用到中层身上，可以诠释为："不想做中坚分子的中层，不是好中层。"中坚分子的目标，就是力求各方面都做到优秀，把优秀当成一种"刚需"！

所谓"刚需"，很容易理解：认定一个问题要解决时，就会不断地思考、观察、分析、总结，在这个过程中让自己进步，变得更精进。认定一个目标，就要尽全力去实现。无论什么时候，都会尽量追求更加优秀。

总而言之，养成不断学习的习惯，遇事不找借口找方法，保持积极向上的态度，把优秀当成习惯……这样的中层，就能够保持旺盛的精力和超强的战斗力，让自己拥有做事的热情与动力。与此同时，散发出独特的个人魅力，潜移默化地影响到身边的每一个人。

"跟我走"：精神力的三大要素

精神力（spirituality）一词 1900 年首次出现在有关管理学的论文标题中，而今它已成为管理学者最为关注的热点话题之一。Spirituality 这个单词翻译成中文是精神力，但在英文中它还有"灵性""灵修"的意思，所以我们要认识到，它其实是一个很形而上学的概念。

对新中层来说，在"修炼"精神力之前，先得掌握让员工心甘情愿"跟我走"的能力。那么，员工愿意跟什么样的人走呢？对这个问题，你是否认真思考过？

· 是一心钻研的技术大拿？

· 是气场强大的"霸道总裁"？

· 是八面玲珑的情商达人？

· 还是业务能力强的攻坚高手？

以上人物的优点都是可以让员工更加信服管理者的因素之一。但是，这些因素单独拿出来任何一个，都无法达成"跟我走"这个最终目标。事实上，员工最愿意长久追随的领导只有一种人，那就是——在精神上拥有强大向心力的人。

为什么这么说？我们可以站在员工的角度来考虑这个问题。

从实际情况出发的话，员工在不同的阶段愿意追随的领导类型也是不同的。

当他还是职场菜鸟时，他最愿意跟着那些能教导他、给他锻炼机会的领导走；当他有了一定的能力、正处在上升的关键期时，他最愿意跟着那些能委以他重任、给他更多的工作，给他对等报酬的人走；当他有了家庭、生活稳定之后，他愿意跟着那些充分信任他、放权给他实现自身更高价值的人走。

综上所述，客观来讲，不同阶段的员工，他们需要的领导是不一样的。但是，这个"不一样"，指的是管理方法和行事方式的不一样，而不是不一样的人。究其本质而言，他们需要的其实是同一类人，即"在精神上能够理解他们、吸引他们的人"。正因为此，我们才把精神力当作塑造团队向心力的首要关键点。

现在，我们已经把一些管理的要素统一到了精神力这个范畴。接下来，我们要做一件相反的事情——把精神力所囊括的重要因素，按照重要程度逐一分解出来。

·精神力第一要素——理解并尊重员工的付出

耐克公司的总裁菲尔·奈特，原本是日本品牌鬼冢虎在美国的一个代理商。当时，耐克公司的名字叫"蓝缎带体育"，是一个资本并不怎么强大的小公司。

为了增加公司的销量，他决定设计一些海报来宣传自己。可是，当时公司的财力有限，请不起大牌设计师。无奈之下，菲尔只好请了一位生活拮据的女大学生，来帮助自己设计海报，这位大学生的名字叫卡洛琳。

几年之后，鬼冢虎总部决定在美国扩大销售、开放经销，这就意味着"蓝缎带公司"不再是唯一的代理商，菲尔的利益将受到损害。于是，他决定成立自己的运动品牌公司，并将这家公司命名为"耐克"。

既然有了自己的品牌，就要有独一无二的品牌logo。直至此时，菲尔依然没有邀请大牌设计师来帮自己设计logo，而是把这项任务交给了一直跟自己合作的卡洛琳。

卡洛琳帮助菲尔设计了好几个logo，菲尔看后都不太满意。不过，最终他还是勉为其难地选择了其中的一个设计方案，这个设计方案就是今天风靡世界的"耐克钩子"。

之后的故事，大家可能都知道了。随着耐克公司不断地发展壮大，它已成为世界运动品牌行列中的佼佼者，而"耐克钩子"也成为一个经典的品牌logo，展现出了强大的传播力。

1983年，已经离开耐克公司八年时间的卡洛琳，接到了耐克公司的一份邀请，请她去参加一个午餐会。在午餐会上，菲尔送给了卡洛琳一枚特别为她定做的耐克钻戒，以及一个装着500股耐克股票的信封。

1983年，500股耐克股票的价值大约是8000美元。不过，由于这些股票有非常大的纪念意义，所以卡洛琳一直没有将其出售。到如今，这些股票的价值已经非常高了。

　　提起这段往事，人们往往首先想到的是菲尔给了卡洛琳一大笔钱。但是，作为一个管理者，最应该从中领会到的是——身为领导，该如何理解并尊重员工的付出。

　　理解和尊重，是一个中层首先要有的精神力。如果你无法理解你的员工，不尊重员工的付出，那么你就无法在精神上与他沟通。道理很简单，你若不理解、不尊重，首先会显露出对员工缺乏感恩之心；员工得不到理解和尊重，那么无论如何，他也不会对领导有感恩之心。

　　双方互不感恩，即便是通过工作关系将双方联系到了一起，那么这种联系也是脆弱的，不牢固的。当你只能用行政命令"强迫"自己的下属时，其实你已经失败了。

　　所以，理解和尊重是精神力的第一要素，因为它事关"感恩"。

·精神力的第二要素——敢于信任员工

　　二十世纪九十年代，某单位要派一批人到国外学习。

　　当时，很多被派到国外学习的人，学成之后都选择留在国外。如此一来，单位的所有投入没有得到任何回报，可以说是彻底地浪费掉了。鉴于此，某单位决定，他们派出去的人，必须是非常可靠的人。

　　技术骨干刘某，当时在外派名单中。但是，由于他曾经发表过一些不当的言论，所以领导层在讨论外派人员名单的时候，有意将他排除在名单之外。但是，刘某的直接领导顶着强大的压力，坚持认为应该把刘某留在名单里，他甚至对所有人说："如果小刘将来没有回来，我愿意辞去我所有的职务！"

在这位直属领导的坚持下，刘某最终被留在了外派名单中。

刘某临走时，领导请他喝酒，酒过三巡，领导红着眼对他说："小刘，这次派你到国外，你一定要把外国的先进技术带回来，你的人也一定要回来。我是相信你的，我用我的前途为你做了担保。"刘某一个大男人，当时就落了泪。

三年后，刘某回国了，带回了先进的技术，并最终在领导手下工作多年。因为他和他带回来的技术，他们这个部门在整个单位中年年被评为先进部门，当年的那位领导也因此步步高升。

多年以后，有人问刘某："要是留在国外，你挣得比现在多得多；就算是在国内，你只要随便跳个槽，也可能比现在更好一些。你为什么要守着一个岗位不放？"

• 刘某说："钱到哪儿都能挣，可是信任不是哪儿都有。"

作为一个领导，要明白一件事，信任是非常关键的一项投资。换句话说，首先你得学会信任你的下属；其次，你要搞明白什么样的下属值得信任。不信任下属，是无知；信任了不该信任的下属，是愚蠢。信任的背后是智慧，是担当的智慧、识人的智慧、博弈的智慧。

所以，信任就是精神力的第二要素，因为它事关管理的"智慧"。

·精神力的第三要素——正直

人们常说："上梁不正下梁歪。"精于算计、蝇营狗苟的领导，手下必定是一帮朝秦暮楚的投机主义者；做事不公道、一心谋私利、罔顾团队利益的领导，手下的人也日渐变得短视、自私……总而言之一句话：中层不正直，基层小人多。

那么，结论就很简单了。一个由小人组成的基层，一定是缺乏团队向心力的，面对这样的一群人，当中层说"跟我走"的时候，他们会有怎样的反应？很显然，就在内心打自己的"小算盘"：有利可图的时候，我就跟你走；要攻坚、要打硬仗的时候，谁跟你走？

所以，我们为什么强调中层一定要正直？因为，先有正直的领导，才有正直的员工，最后才有正直的团队。正直的团队意味着什么？意味着大家的价值观是积极的、是非观是一致的，意味着大家不仅可以在一起"吃肉"，也能在一起"啃硬骨头"。

现实的情况不总是尽如人意的。有好处的时候不用说，员工一般会跟着你走，可我们都知道，一个团队在长期的发展过程中，必然会遇到挫折，而这个时候，才是体现"跟我走"这三个字真正意义的时候。倘若在这个时候，你没能用自己的正直，引导出一个同样正直的团队，"跟我走"这三个字是不会起任何作用的。

所以，正直是精神力的第三个要素，因为它事关团队在逆境中的表现。

理解与尊重是团队感恩氛围的基础，信任是中层是否具有管理智慧的体现，正直是一个团队是否能在逆境中依然不丧失战斗力的核心。因此，精神力对于中层管理者来说有四个外在表现——理解与尊重、信任和正直；对于团队来说又注入了三种精神内核——感恩、智慧和逆境商数。所以，精神力必不可少。

角色反思：乔丹为什么当不好教练？

美国职业篮球联赛（NBA）中，有一个很奇怪的现象：

一个优秀的球员，如果在退役之后从事教练工作的话，往往带队成绩不怎么样，基德、麦克海尔等都是特别突出的例子；而那些优秀的教练，他们在当球员的时候，往往算不上是特别出色的运动员，比如菲尔·杰克逊、科尔和波波维奇。

科尔当球员的时候，只是乔丹手下的一个小角色，除了投空位三分以及防守之外，没有什么亮眼的表现。再说传奇教练波波维奇，他甚至在训练营的时候就被裁员了，根本就没有真正打过职业比赛。

其实，不止篮球运动是这样，在足球的领域也是如此。阿根廷球王马拉多纳，当球员的时候，在球场上简直是呼风唤雨；可当了教练之后，却带领着世界劲旅阿根廷队屡屡败北。

为此，人们经常会说，即便是"篮球之神"乔丹，在NBA历史上留下过许多不可磨灭纪录的人物，也无法当好一个教练。这也并非完全是传言，有报道称：乔丹退役之后，没有当教练，而是成了奇才队的老板。在球队训练的时候，乔丹经常会感慨：明明是很好的得分机会，自己手下的那些球员们为什么把握不住呢？

原因很简单，对于乔丹来说，得分不过是——你只需要跳起来，等防守你的球员落下去的时候，出手投篮就可以了啊！但问题是，并不是每个人都拥有他的身体条件和高超技术。作为篮球之神，他是很难站在普通球员的视角看待问题的，更无法理解他们在场上的表现所以他无法取代普通球员获得胜利。

后来，对于这个问题，乔丹也渐渐释然了。当有人问起，他为什么不当教练时，他本人是这样说的："我没有耐心去当教练，我认为最大问题是现在运动员的专注度不够。如果按我的要求做到我当年打球那种专注度，是不公平的。如果我的队友不像我那样专注，我不知道我究竟会疯成什么样。"

实际上，作为中层领导，也会遇到同样的问题。中层领导在成为管理者之前，往往是业务能力比较突出的员工。所以，当他们刚刚成为中层的时候，往往会把下属"想象"成和自己一样的人。但是，事实很快就会让他们失望，于是新中层们就会对下属说——

· 这件事情很简单，你怎么就处理不好呢？

· 这么简单的问题还要来问我，你就不能自己动一动脑筋吗？

· 怎么一件小事都要我操心？你们就不能发挥点主观能动性？

心情可以理解，但有这种想法、说出这种话的中层，不但无法得到上司和下属的认可，还暴露了自身最大的一个问题——没有真正进入管理者的角色。

一个出色的、成熟的中层，必定是"接地气"的，他们深切地明白一个道理——在任何组织里，"一般人"才是大多数；而衡量一个中层是否合格的标准，恰恰就是——他能否理解"一般人"的思考模式与行为模式，然后把一群"一般人"组织起来，释放出"不一般"的能量。

身为管理者，如果不明白这个道理，注定是要招致失败的。即便是像拿破仑那样的天才领袖，也不可避免。

1815 年 6 月 18 日，拿破仑带领的法国军团向比利时的滑铁卢小镇发动进攻，他的对手是威灵顿公爵。拿破仑一度在战场上占得了先机，但是威灵顿公爵顽强抵抗，双方的战时一时间陷入了僵局。

这个时候，谁能等到援军，谁就能获取最后的胜利。威灵顿等待着一个叫布吕歇尔的普鲁士将军，拿破仑则在等待手下的格鲁希将军。

格鲁希在哪儿呢？他正在严格执行拿破仑的军令。

几天前，拿破仑在一场小规模的战斗中获得了胜利，击败了敌人的先头部队。敌人在遭遇重创之后，仓皇逃跑。拿破仑一心要指挥大军与威灵顿公爵率领的主力部队展开决战，所以，他自己没有去追击残敌，而是调出了一部分军队交给格鲁希，让他去追击敌人。

此时，正在与威灵顿对峙的拿破仑认为，自己已经和敌人打了这么久了，惊天动地的枪炮声百里之外都听得到，不远处的格鲁希一定也明白，在关键的时刻，他如果前来助战，就一定能打败对手。

可是，格鲁希是怎么想的呢？

其实，当拿破仑与威灵顿的战争刚刚打响的时候，格鲁希就察觉到了一场大战正在进行。此时，只需要三个小时，他就可以赶到战场，与拿破仑合兵一处，击败敌人。但是，格鲁希没有这么做，因为他接到的命令是追击敌人的残部。

过了很久之后，格鲁希手下的副将有些坐不住了，他对格鲁希说："前方大战已经打响，我们现在应该马上去增援。"但是，格鲁希却不敢承担"抗命"的责任，他说："在拿破仑皇帝撤回命令之前，我决不能擅自行动。"

副将见自己无法劝服格鲁希，就提出了一个折中的方案：

"将军，你继续率领大军完成皇帝交给你的使命，我自己带领一小队人马去增援战场。"格鲁希思考了一秒钟，否决了副将的提议，因为皇帝陛下也没有给他下达"分兵"的命令，所以他又一次拒绝了副将的请求。

此时，不远处的拿破仑还坚定地认为，格鲁希一定能在战场上做出正确的判断，在某个时间前来增援自己。过了很久之后，远处出现了一支部队。拿破仑高兴极了，他以为那是格鲁希的军队。于是，他下命令展开总攻。

让拿破仑万万没想到的是，那不是前来增援的友军，而是敌人的援兵到了。拿破仑顿时陷入绝境中，他手下的军队全面溃退，他自己趁乱逃脱。满身污垢、头晕目眩的拿破仑躲进了一家乡村客店里。法兰西帝国，就此落幕。

一般人在读到这个故事的时候，可能会感慨"格鲁希真愚蠢""拿破仑用错人了"……但是，作为一个中层领导，从管理学的角度去理解这个故事，还应当有额外的思考和启迪。

首先，站在中层的角度来考虑的话，格鲁希真的做错了吗？

未必！因为格鲁希是严格按照领导的要求行事，即便他最终酿成了大错，但最终的责任并不全在于他。试想一下：我们在平时的工作中，是不是也希望下属能够按照自己的计划严格执行？肯定是的。如果他因为擅作主张，导致了失败，那么他自然要承担相应的责任。但是如果他因为遵守命令而铸成大错，那么这个责任，其实是领导者的决策失误。

对待员工，你不可能设立双重标准：既要求他在你作出正确决定的时候，严格遵守你的计划，又要求他在你计划失误的时候，能够根据自己的判断作出正确的决策。如果每个员工都有这样的能力，那为什么你是领导而他不是呢？

所以，中层应该认识到，如果你处在"拿破仑"的位置，一定记住两件事：

· 第一件事：不要过分高估下属的主观能动性

拿破仑错在哪儿？他错在，认为自己的下属能和他一样，在大多数时候作出正确的决策，有解决问题的能力。所以，中层也要记住，虽然我们不能低估下属的能力，但是也不要过分高估他们的决策力。

为什么这样说呢？因为很多情境下，下属在行动的时候，会受到两方面的影响：一是他自己的判断；二是你的判断。能力一般的下属，往往是你指向哪儿他就打哪儿，能够按照你的计划把事情完成，就已经很不容易了；能力突出的下属，虽然有时会有自己的判断，具备一些随机应变的能力，但他们会有所顾忌。

某部门的精英员工，曾经这样表述他的看法："如果我按照自己的方式做事，成功固然好，失败了责任就全是我的。如果按照领导的要求做事，成功了皆大欢喜，就算失败了，责任也不全在我。"

听起来，似乎不那么"励志"，但在现实生活中，这也算是道出了不少员工的心声。按照领导的要求做事，就算无功，起码可以无过。所以，我们才要提醒中层，要把下属当成"一般人"来看待，不仅是出于对下属实际能力的考虑，更因为有些下属就算能力非同一般，但他们处在"一般岗位"上，会趋向于用自己职权范围内的方式来解决问题。

所以，不要过分高估下属的主观能动性，自身的能力加上所处的位置，决定了他们难以时时刻刻都能灵活地作出正确的决策。

· 第二件事：下属的功与过你都要承担责任

作为中层领导，希望别人"跟我走"，那么就要清楚一点：既然是跟你走，走到辉煌境地，自然是你领导有方；假如一不小心走到了泥沼之中，也是你的责任。

"跟我走"，不仅意味着你拥有了团队的领导权、决策权，也意味着你背负起了团队的主要责任。成败荣辱在你身上，哪怕是遭到了挫折，你也不能说："我的下属都是一群庸才，拖累了我！"这样的话，一个合格的中层，是永远不应该说出口的。

Chapter/02 从"潜水艇面包"到"奥利奥夹心"

"潜水艇面包"理论与中层断层

历史学家黄仁宇曾经提出过一个"潜水艇面包"理论。

他说，古代晚期的社会结构如同一个"潜水艇面包"。潜水艇面包长什么样子呢？大家都吃过三明治或汉堡，大致能够想象出来，就是类似一个被拉长了的汉堡，上下两片大大的梭子型的面包，中间是一些形形色色、松松散散的配菜。

在古代中国，上层的官僚集团和底层的劳苦大众，就犹如上下两片面包一样，占据了主要的地位。可是，在上层和底层之间，却杂糅了各种势力，使得权力的中间层异常脆弱，它既不完全效忠于国家，也不完全属于底层。

依靠这种制度维系中央与地方的关系，只够勉强地维持国家的运作，但无力面对剧烈的冲击。一旦爆发大规模起义或外族入侵，上层和下层之间的联系就被打散了，整个国家的凝聚力和动员能力都会丧失。国家看似庞大，实则是一块松散的潜水艇面包，使劲一拨拉，就散成了一地烩菜。

现代企业绝不能走上古代封建国家的老路——空有强大的上层和基层，却没有强大的中层作为中坚力量。中层在企业中的作用，在很多时候是决定性的。

作为新中层，必须要明白一个道理：企业不能没有强大的中层。这句话一方面体现了中层的重要性，而另一个方面也意味着，如果"你"不够强大，就当不好中层。所以，每一个新中层都应该努力发挥自己应有的作用，不断地提高自己的业务水平，让自己强大起来。

那么，中层最重要的作用是什么呢？实际上，这个作用体现在三个方面：

· 承上启下

承上启下，顾名思义，就是既能接得住上面的要求，又能启发、启动下属的能量。

很多新中层把自己的工作简单地理解成"上传下达"，认为只要把上面的精神传达给下属，然后和下属一起按照上层的意思办事就好了。但在实际的工作中，新中层很快就发现，上层给的往往只是方向，具体怎样才能找到正确的道路、朝着正确的方向前进，需要你自己想办法、拿主意。这个时候，如果你不能拿出具体的对策和方案，那么上下之间的联系在你这里就中断了，这是很可怕的事情。

想要做到承上启下，就要求中层具备准确领会领导意图，并根据领导意图布置具体任务的能力。这意味着，你不再是那个被动接受工作的人，而是要主动地推动工作的进度，主动去寻找达成目标的方案和策略，这才是新中层应该做的事情。

·承前启后

所谓承前启后，意思是说，新中层既要圆满地完成前期的策划、组织和准备工作，更要做好最后的验收、总结和收尾工作。

中层是整个项目的第一负责人，无论是前期还是后期，都不能有半点马虎。只有善始善终，才能让自己的工作趋于完美。假如虎头蛇尾，很可能最后功亏一篑。

·承点启面

承点启面，说的就是，中层看待问题应该从点发展到面。

所谓从点上看问题，即将目光聚焦到问题中心的那个点上，集中精神找出解决眼前问题的办法。然而，作为中层，不能只思考如何解决当下的问题，还要考虑到由当下的问题引发的一系列连锁反应。所以，在碰到问题时，一定要仔细评估问题的深度和广度，头痛医头脚痛医脚的做法很可能让简单的问题复杂化。

总之，想在企业当好一个中层，不能像潜水艇面包中间的配菜那样，松松垮垮、各行其是，那样的企业没有任何的凝聚力与战斗力，只会变成一盘散沙。

做好"奥利奥夹心"的"三个警惕"

黄仁宇提出的"潜水艇面包"理论，之所以很形象，是因为他还提到了一个观点，即面包中间的夹层是可以不断变化的，他们的变化恰恰导致中国历史上不断产生动乱，又不断从动乱中恢复稳定。这一点，用在企业管理上也是合适的。

优秀的中层肯定不能做一个松散的"潜水艇面包"，而是要把中间松散的部分变得团结有力，黏性十足，将上下两层结合起来。此时，"潜水艇面包"就变成了"奥利奥夹心饼干"，中间层的奶油将上下两层紧密地贴合在一起，不但牢固，还能提升整体的味觉层次。

那么，新中层该如何做好"奥利奥的夹心"呢？

实际上，这个问题的答案，最终可归结于两个字——警惕。

为什么要说警惕呢？管理学上有一个经典理论，即彼得原理。它说的是：在一个企业中，人们总是希望做自己不擅长的事情，具体来讲就是，一个普通员工平日表现得非常出色，但他不会满足于做好自己眼下的这份工作，而是希望能够更进一步，晋升到更高一级的岗位上。很显然，在更高一级的岗位上，他们还是个新手，不可能立刻显现出超人一等的能力。

新中层的诞生，就是彼得原理的产物。

当一个新中层离开了自己擅长的基层工作，来到了中层工作的领域之后，他们的工作能力会处在一个下降的趋势中。这个时候，新中层如果没有足够的警觉性，还是按照在低层次岗位上时使用的管理经验和办法来对付眼前的工作，肯定会招致失败。所以，新中层想要适应变化，重新成为当前岗位上的佼佼者，并发挥出"中坚力量"的作用，一定不能放松自己，而要提高警惕，杜绝一些错误的思维和行为。

那么，新中层具体该在工作中警惕哪些东西呢?

·警惕"老大情结"

"老大情结"是许多新中层的一个"梦魇"。有些中层在晋升之后，认为自己做了员工中的"老大"，实现了自己的梦想，因而忘乎所以。可殊不知，如果不能摆正自己的心态，梦想很快就会变成梦魇。

"老大情结"之所以有害，是因为一旦沾染上了这种习气，新中层就会变得狂妄、自大，尤其是在面对下属的时候，思想深处的傲慢会不自觉地显露出来。如此一来，会导致下属的不满，切断自己和下属之间的联系，很难再做好"承上启下"的工作。

·警惕"面子情结"

职位越高，自尊心越强，这本是人之常情，但如果自尊心太强，把一切事情都和自己的面子联系起来，就成了人性中的一个弱点。

如果是普通员工的身份，在自己犯错之后，能够虚心地接受批评，积极地寻求改正的办法，也无可厚非，这是成长的必经之路。然而，随着职位的提升，我们会发现，有些员工在晋升为中层后，不再像从前那样愿意接受批评了。在犯错的时候，他们宁愿选择推卸责任、转移视线，也不愿意面对问题、面对批评。

这样的弊端是什么呢？就是新中层没办法真正做到"承前启后"了。因为他们不愿意反思自己，不愿意正视问题。在一个项目进入收尾阶段的时候，他们缺乏客观评价、总结提升的意愿和能力，故而只能承前，不能启后——只愿意在项目开始的时候指点江山、体现自己的正确和伟大，不愿意在项目后期站出来承担责任、反思过错。

·警惕"员工思维"

这里说的"员工思维"，主要是指"不求有功、但求无过""各人自扫门前雪，休管他人瓦上霜"的狭隘思维，以及工作策略。

企业需要的中层绝对不能有这样的想法。真正的中坚力量，应该要努力成为破冰者、开拓者、探索者，站在中层的位置上，"无功"就是最大的错。对多数企业而言，宁愿自己的中层在探索和创新中试错，也不希望中层陷在庸庸碌碌、浑浑噩噩中混日子。

此外，中层不仅要注意自己的工作，还要重视周遭的一切事物，注意全局的发展和变化。所以，中层切勿有"各人自扫门前雪，休管他人瓦上霜"的思维。这种思维会让中层变得目光短浅，无法做到承点启面。说得直白一点就是，占据着中层领导的位置，却在用普通员工的心态去工作，这样的中层，定然无法成为企业中的中坚力量，也无法获得长久的发展。

中层管理者的五种纽带作用

中层，是兵头将尾，是一个企业的管理衔接部，承担着最重要的纽带作用。

总体来说，中层的纽带作用体现在以下五个方面：

·上下级之间的信息纽带

所谓上下级之间的信息纽带，很容易理解，就是中层要充分领会上级意图，然后将其传达给下属。同时，也要将下属的一些有价值的意见和建议，反馈给上级。这都是中层领导的"本分之事"。

·人才选用的人事纽带

中层可能没有重要人事任命的决策权，但他们却掌握着非常关键的"建议权"和"考察权"，所以一个企业用人是否得力，很大程度上取决于中层是否能够发挥好人事纽带的作用。如果中层不能准确、客观地将基层员工的表现传达给高层，那么很可能造成"用人失察"的结果，这是任何企业都不愿意看到的。

·企业文化与业务实践的转化纽带

高层需要高屋建瓴，塑造一个企业的文化，而基层则需要将企业文化落在实处。但很多时候，在务虚的企业文化和务实的业务实践之间，往往会存在着一些"断层"。

这样的情况在现实中很常见，许多所谓的企业文化，都只是停留在喊口号、贴标语的阶段，并没有真正落实到执行中。为什么会这样？很大一部分原因就是，企业的中层没有发挥好二者之间的纽带作用。

·奖惩制度的执行纽带

一个企业的奖惩制度是从高往低走的，高层颁布了奖惩制度之后，要由中层传达给基层并具体执行。所以说，中层是实施奖惩制度的执行纽带。这就意味着，中层既要唱红脸，也要唱白脸，需要在两种截然不同的角色中来回转变。如果中层不能做好这项工作，那么奖励将无法有效激励，惩戒也无法产生震慑，整个企业的奖惩制度的威力将大打折扣。

·负面情绪和消极言论的过滤纽带

人人都会有情绪，在任何企业中都不可能只有正面情绪，没有负面情绪。可是，对于中层来讲，他们要努力成为企业的"情绪调和剂"。例如，高层震怒时，中层既要让基层明白来自高层的压力，但又不能把过多的恐慌情绪传递到基层；基层倦怠时，中层要依靠自己的力量阻止负面情绪的蔓延，同时也有责任将发生在基层的"异动"以合适的方式传达给高层。这才真正体现了负面情绪和消极言论的过滤纽带作用。

正是因为中层需要在各个方面发挥"纽带作用"，所以我们才说，做好一个中层真的不容易。在现实中，那些能把五种纽带作用都发挥好的中层，最终都会成为一个企业、一个组织的顶梁柱，古今中外莫不如是。

【案例链接1】：萧何——古代的人事经理典范

提起萧何，大家一定都不陌生，他是"汉初三杰"之一，辅佐刘邦"创业"，后担任丞相一职。尽管身居高位，但他的确是从中层一步步做到高层的。所以，在萧何身上有许多值得中层管理者学习的地方，特别要提及的是，他将"纽带"作用发挥到了极致。

·人事纽带——发现韩信的才干

关于萧何，最为脍炙人口的一句话是"成也萧何，败也萧何"。这句话说的是韩信的一生。韩信之所以能成功，是因为萧何向刘邦举荐了他；而他之所以最后不得善终，也是萧何一手策划的。

起初，韩信在刘邦手下做事，并没有得到重用。一次犯了军法，他还差点儿受刑被处死。免死后，刘邦只让他充当一名管理粮草的小官。但是，萧何作为一个和基层走得比较近的"中层"，很快就发现了韩信的才干非同寻常。于是，他向刘邦举荐了韩信。

在楚汉争霸中，刘邦多了一个得力的助手，韩信就此飞黄腾达。在这个过程中，萧何充分发挥出了中层"人事纽带"的作用。

· **负面情绪和消极言论的过滤纽带——月下追韩信**

韩信曾经一度想要离开刘邦，甚至有一次还试图当逃兵。而把韩信追回来的那个人，恰恰是萧何。他最终成功说服了韩信，让他一心一意在刘邦手下做事，留下了"萧何月下追韩信"的典故。这体现了萧何"负面情绪和消极言论的过滤纽带"的作用。

· **奖惩制度的执行纽带——将韩信绳之以法**

最后，韩信成为权倾朝野的重臣，逐渐有了不臣之心。这个时候，是萧何将韩信"绳之以法"。于是，历史上就有了"成也萧何，败也萧何"的典故。在这里，萧何发挥出的就是"奖惩制度的执行纽带"的作用。

· **信息纽带——重视秦朝的律令图书**

刘邦攻破秦朝国都时，其他人包括刘邦都在大肆地搜刮秦朝留下的财富。此时，唯有萧何努力找到秦朝的律令图书，将其妥善保存。正是因为有了这些重要的政府文书，才让刘邦后来对秦国各地的基层情况一清二楚，掌握了哪里有多少人口、哪里有多少财政收入、哪里适合征兵……等等关键信息，在楚汉争霸的过程中占据先机。在这里，萧何发挥出的就是中层的"信息纽带"的作用。

· **企业文化与业务实践的转化纽带——重视秦朝的律令图书**

萧何"企业文化与业务实践的转化纽带"的作用，是在他漫长的职业生涯中不断地展现出来的。有人说，汉朝之所以政治上比秦朝成功很多，是因为萧何给汉朝树立了非常好的"企业文化"，使得汉朝既继承了秦制优秀的一面，又没用严刑峻法奴役天下百姓。

【案例链接2】：杰克·韦尔奇——现代"最杰出的经理人"

古代有萧何能将五种纽带作用发挥到极致，而在现代，号称"最杰出的经理人"的杰克·韦尔奇也是一个将"中层纽带"作用发挥得淋漓尽致的人物。

韦尔奇进入通用公司后，也是从中层开始做起的。在担任中层的时候，他积累了很多"纽带经验"，这些经验直到他成为通用电气的掌门人之后，依然在发挥作用。

比如，韦尔奇在用人的时候，遵循的秘诀是他自创的"活力曲线"：一个组织中，必有20%的人是最好的，70%的人是中间状态的，10%的人是最差的。这是一个动态的曲线，即每个部分所包含的具体人一定是不断变化的。作为一个合格的领导者，必须随时掌握那20%和10%里边的人的姓名和职位，以便采取准确的奖惩措施。最好的员工，应该马上得到激励或升迁；最差的员工，必须马上走人。

一般来讲，掌管几万人大企业的掌门人对于基层的了解是没有这么充分的，而韦尔奇之所以如此重视深入基层的作用，就是因为他有丰富的"中层纽带"经验。他深刻地认识到，上层和下层保持信息对等，是一件至关重要的事。

在韦尔奇的领导下，通用公司的每位员工都有一张"通用电气价值观"卡。该卡中对领导干部的警戒有 9 点：痛恨官僚主义、开明、讲究速度、自信、高瞻远瞩、精力充沛、果敢地设定目标、视变化为机遇以及适应全球化。

我们可以看到，韦尔奇所倡导的企业文化有着浓厚的"中层意识"。因为，他曾经就是一位优秀的中层，他最清楚如何让企业文化成为具有可操作性的规章。他真正实现了高层意志和基层执行的完美衔接，让整个企业都被同一个纽带紧密地联系在一起。

无论是古代中国的萧何，还是现代西方的韦尔奇，他们的成功都有一些相似的地方：

· 从中层起家，最终成为组织中举足轻重的人物

· 行事风格带有浓厚的"中层印记"

· 无论在哪个岗位上都很重视发挥"纽带作用"

其实，这些经验可以给新中层们带来一些启示：首先，要清楚，你现在的岗位是你将来职业生涯里最重要的一次历练、一个跳板；其次，在中层位置上想要做得好、做得出色，必须充分发挥好中层的纽带作用；最后，锻炼自己的纽带作用，不仅能让你在现在的工作中脱颖而出，也会成为你未来工作中的宝贵经验。

失败的中层难逃"夹板气"

中层处于企业的中间层次，要充当企业中的纽带，既要执行来自上层的指示，又要满足来自下属的期望。一旦处理不当，很容易造成上下两种压力集中到一个人身上，承受俗称的"夹板气"。

如果一个中层总是在受夹板气，虽然不能说完全都是他的错，但起码可以说明一点，那就是他缺乏作为一个优秀中层的协调能力。从长远来看，总是在受"夹板气"的中层，其实是很难有长远发展的。

为什么有些中层会受到"夹板气"呢？最主要的原因在于，他没有成功地将上下两个层级的诉求联系到一起。这样的中层，就如同被夹在饼铛中间的馅饼，时间短的话还能坚持，时间长了一定会"糊"。所以，一个好的中层绝对不能把"上"和"下"两部分割裂开来。

有些中层经常会犯这样的错误，认为上级决定自己的命运，所以顾上不顾下；也有些中层则认为，上级提拔自己，就是为了让自己管理好下属，所以顾下不顾上。这两种中层都不是合格的中层。

为什么说他不合格呢？我们从物理学的角度来分析，也能够知道原因。一个物体在上下两个物体的中间，两个物体同时对它产生相对作用力，就会对它产生压力。当其中的一个物体不再主动产生作用力，只剩下另一个物体对它产生作用力，这时候，难道就没有压力施加在它身上了吗？显然不是。只要有一个物体仍然在对它施加作用力，即便是另一个物体没有主动发力，但只要它此时还夹在中间，依然会感受到来自两方面的压力。

W是一家大型专业服务公司的通信主管，基于自己的职位需要，W认为他必须要掌握上层的动态。所以，W积极地参加高管会议，一有时间就凑在领导的身边。有时，他甚至会刻意观察老板在哪儿吃午饭，然后制造更多的机会接近老板。

W并不知道，他手下的员工对他的评价很差。大家都认为，这样一个把"拍马屁"当成主业的领导，只能为他自己带来实惠，根本不可能带领手下的员工创造更好的业绩。

事实确实如此，W在上任之初的一段时间里，的确深得上司器重。但由于他和下属的关系一直不太融洽，很难带动起下属的工作热情，整个部门的业绩江河日下。后来，上司察觉到事情不对，启动了问责机制。W试图扭转不利的局面，开始通过强迫下属加班的方式来提升部门的业绩，没想到却遭到了下属的强烈抗议，双方还为此在公开场合爆发了冲突。这时候，原本对W充满好感的上司开始重新审视W的工作能力，并给予了负面的评价。

最终，在上下两股压力的共同作用下，W不得不选择了辞职。可到最后，W也没有搞清楚：明明是一片大好的局面，怎么就突然土崩瓦解了呢？

当局者迷，旁观者清。我们都能够看得出，W的失败源于他把主要的精力放在了解决来自上层的压力上，而忽略了基层的反作用力。可能有人会说，如果一个中层搞好了基层建设，是不是能减少夹板气，让自己的工作变得更加容易呢？

答案也不尽然。有些中层领导始终以下属的利益为先，时时刻刻都在保护自己部门的利益。如此作为，虽然团结了下属，激发了员工的积极性，但如果做得太过，甚至为了下属和部门的利益公然对抗上级，就会给其他人造成"部门大于公司""个人威望大于集体利益"的印象，反而给工作的展开带来阻碍。

生活在复杂的上下级关系之中，中层面临的最大挑战就是，平衡下级与上级的不同需求，平复双方的紧张关系。偶尔，你可能需要站到某一个层级的立场上说话办事，但更多的时候，还是要"一碗水端平"，如果太过偏颇，肯定少不了要受"夹板气"。

由下而上，理顺关系

那么，有没有什么办法能让中层少受一点"夹板气"，迎来一个"可持续发展"的职业生涯呢？当然有，答案就是八个字——由下而上，理顺关系。

中层之所以能够成为中层，首先肯定是得到了上层的赏识。因而，在刚刚上位的时候，新中层可以暂时先不用考虑来自上层的压力，把主要精力放到化解来自下层的压力上。要化解下层压力，需遵从三个基本原则：

·精神上给予人文关怀

很多新中层把职场想象成一个"完全理性"的环境，认为同事关系就只是单纯的合作关系，不掺杂感情因素。当你是一个普通员工的时候，有如此认识可能没有太大的问题，但是当你成为中层之后，要明白一件事：职场不仅是理性的，也是感性的。你和下属之间除了工作上的合作关系之外，也避免不了要形成一些情感上的联系。

这样的事情在职场中很常见：下属在评价一个上司的时候，评价的标准除了"业务能力强""执行力强"等职场标准之外，他们还会评价上司在人际交往中体现出的性格特点，比如"和善""风趣""仗义""有人情味儿""平易近人"等。更重要的一个事实是，绝大多数员工似乎更看重上司性格上的优点。

举一个简单的例子：有两个部门主管，一个业务能力超强，但是性格刻板、冷面、不风趣；另一个主管业务能力可能不是特别强，但是性格随和、风趣幽默、为人和善。试想一下：如果你是员工，你更愿意在谁的手下做事？

按照理性来选择的话，第一个主管应该是更容易带领下属做出成绩的领导，理应选择第一位主管。但实际上呢，置身于真实的处境下，大部分员工还是更愿意在第二位主管的手下做事，因为他们感觉这样很"舒心"。

没错，让下属舒心，是一件非常重要的事情。我们经常说，要把工作和生活分开，可是真能分得开吗？在如今的社会里，节奏这么紧张、竞争这么激烈，一个人大部分的时间和精力都消耗在职场，这个时候工作和生活已经分不开了。多数人都会想：既然工作已经占据了自己人生中绝大多数的内容，何不选择一个让自己感到舒心的工作环境，追随一位有同理心的上司呢？

一个中层领导想要不受夹板气，想要化解来自基层的压力，就要给予自己的员工足够的人文关怀，为他们营造一个相对舒心的工作环境。同时，也是为自己的工作赢得更多的支持力和回旋的余地。当你得到了下属感情上的认可之后，你会发现，你的行政命令更有力量，下属更愿意支持你；在一些艰难的时刻，下属也变得更有耐心，更能理解你的苦衷，从而使你有了更多的回旋余地。

·用人上做到人尽其才

大多数时候，下属和领导之间的矛盾其实来源于领导没有让下属做他想做的事情、擅长做的事情。所以，中层要努力把下属安排在适合的岗位上，只有人尽其才，才能激发他们的工作热情，让他们主动将精力投入工作中。反之，如果你让下属做他们不擅长也不喜欢的事，那他们就会拖拖拉拉、松松散散，一边敷衍了事，一边怨天怨地，团队中这样的人多了，一定会形成对中层的"反作用力"。到时候，"夹板气"不受也得受。

在稳住基层的同时，中层还要充分发挥自己的纽带作用，在基层和高层之间平衡关系、维持联系。这个时候，最重要的问题就是——立场。但是，前面我们也说过，高层和基层无论你偏向哪一方，都会引起不满。那么，到底该怎么办？如何才能不偏不倚？

其实，说难不也难，就是弄清楚自己的立场。要知道，作为企业的中层，你不是为某个人或某几个人做事，而是为企业工作。所以，一个优秀的中层必须要有且只能有一个立场，那就是一切从集体利益出发。

从集体利益出发，就不会偏向具体的某个人，就不会因为处事不公遭到上层或者基层的质疑。当你为了集体利益，严格按照规章制度领导下属做事的时候，下属可能也会有怨言，但他绝不会因此而怀疑你的动机、你的能力和你的人品；同样，当你为了集体利益努力为团队争取福利的时候，上司也不会怀疑你在搞小团体、在带领员工"逼宫"。

所以，中层想要不受"夹板气"，想要成为上下都信任都敬重的人，就要做到尊敬上级但不奉承上级，亲近下级但不依赖下级。在这里，借用"大公无私"这四个字来形容，恰如其分。

《道德经》里说"上善若水"，好中层就应该像水一样。你用两块板子去挤压一滴水，用的力气再大，水也还是水。为什么水不怕挤压？《道德经》里其实已经给出了答案："水善利万物而不争……夫唯不争，故无尤。"因为，水是一心利"万物"的，不会搅和到利益的争执中。这不恰恰是一个中层应该做的事情吗？

相信每个职场人对于《道德经》的这句话都应该有所感触。在职场中，我们见过了太多上蹿下跳、蝇营狗苟、不择手段为自己争取利益的中层。回想一下：这些中层的结局如何呢？他们有没有因为眼前利益失去了长久的发展？有哪个企业能让这样的中层"修成正果"呢？

答案，不言而喻。

中层少受"夹板气"，从结果上来看，这是一个完美的结局；从实现的路径来看，也是一种境界的提升、一种格局的升华，实则也是一个中层走向成功的必然条件。

发挥你的"黏合剂"作用

"众多公司中层管理一级的人员流失率非常高，并因此无法有力地执行公司战略。高管可以将所有的时间花在战略制定上，但如果没有人来执行，那又有什么意义呢？"

这是沃顿商学院负责高层管理教育的副院长托马斯·科里根发出的感慨。我们都知道，强力的中层犹如强力的黏合剂，能够让企业变得上下一心、铁板一块。但正如托马斯·科里根所说，中层也是一个企业中最容易"流失"的那部分人。

根据埃森哲公司对全球中层管理者的调查，20% 的中层管理者对其目前所服务的企业不满，并且有同等比例的中层管理者表示正在寻找新的工作，其中所提到的主要原因之一，就是缺乏发展前景。

对于企业来讲，中层的流失是非常严重的损失，主要原因在于：中层的培养成本要比一般员工高很多；中层流失所造成的管理断层又会对企业造成进一步的损失。

　　有关数据表明，一般企业的中层流失率大约是 20%，这个比例每降低一个百分点的话，那么企业每年就可以增加 50 万元收入。所以，对企业而言，如何吸引、保留并发展中层管理者是十分关键的工作，不少公司都在经历了惨痛的教训后，才逐渐意识到这个问题的。

　　在这里，我们需要思考一点：为什么中层管理者最容易流失呢？他们本该是企业的黏合剂，是企业中最坚固的力量，究竟是什么原因导致的呢？

　　试想一下：当企业发展停滞，不得不选择裁员的时候，谁更容易成为裁员的"刀下鬼"呢？没错，就是中层。尤其是人到中年、能力一般、碌碌无为的中层。

　　那么，作为一个中层，如何才能让自己更加"安全"呢？只有一条路，就是进一步加强自己的黏合剂作用，让自己成为这个企业中不可或缺的一部分。至于如何实现这一目标，下面的这番对话，可能会给我们一些启示。

　　一个新中层去拜访一位老中层。这位老中层在企业中工作了十五年，虽然一直没有得到晋升的机会，但却陪同企业熬过了发展过程中最艰难、最风雨飘摇、也是中层们最危险的时刻，在自己的岗位上稳如泰山，直到退休。

　　新中层问老中层："如何才能在企业中发挥不可替代的作用？"

老中层娓娓道来，说："人上一百，形形色色；人上一千，彻地连天；人上一万，无边无沿。咱们单位从 800 人起步，现在也是 5000 人的公司了。这么多人，老板不可能每个人都认识，而这个时候，他评价一个人的工作成绩，就只能靠人事部门呈给他的报表了。"

新中层点点头，认为前辈说得没错。老中层接着说道："你想想，中层中层，上不需要你决策大事，下不要你亲力亲为，那你该干什么？其实很简单，核心口诀就三个字：捣糨糊。"

新中层有些不敢苟同，说："您的意思是——糊弄事儿？"

老中层摆摆手说："不是不是，捣糨糊是我们江南的俗话，你想要用面粉熬好糨糊，怎么才行？"新中层不明所以，露出一脸茫然。

老中层说："很简单，只需要做到上面不冒泡，中间不结块，下面不粘锅，就行了。"

新中层更加迷惑了，问："这又是什么意思？"

老中层没有直接回答他，而是说："你知道中层在企业中最大的作用是什么吗？"

新中层问："是什么？"

老中层说："中层对生产力的影响极其有限，但却对生产关系发挥着巨大的作用。从长期来看，企业的生产力其实是比较固定的，这个时候生产关系更为重要，把生产关系理顺了，就能发挥出全部的生产力，生产关系理不顺，生产力就要打折扣。"

新中层说："我好像明白了一些，那您刚才说的'上面不冒泡，中间不结块，下面不粘锅'，又具体指什么？"

老中层说："每个人都在糨糊锅里，但中层要学会熬糨糊。'上层不冒泡'，就是说你在熬糨糊的时候，要懂得平息怒气，避免上层不满；'中层不结块'，就是说要和中层的同事搞好关系，不能结下疙瘩；'下层不粘锅'，也很简单，想想看：什么时候下层会粘锅？火大的时候啊！所以，还要平息下层的火气。如果能做到这三点，就能熬出一锅好糨糊，真正地发挥出黏合剂的作用。"

新中层茅塞顿开，道："真的是这样，听君一番话，胜读十年书。"

从这位老中层的话中，我们可以体会到：中层在企业当中，是最需要发挥主观能动性的一群人。老板或上级可以听从自己内心的声音、率性而为；基层的员工可以听令行事，能干则干，不能干走人，最差也不过是换个地方继续当基层。但中层却不一样，上要顾忌高层的想法，中间要维护同层的关系，下要照顾基层的情绪，只有当好了黏合剂，维系好平衡，才能在企业中保持不败之地。

当然了，做好黏合剂并不容易。新中层在提高自身的道路上，通常会遇到以下问题：

首先，新中层上岗后，无法通过自身努力完成"支持类"工作向"管理类"工作的角色转变。与此同时，还面临着两方面的挑战，一是原来的同事可能会不自觉地疏远自己，二是无法第一时间与其他中层展开有益的互动。显然，如果不能克服这两个最基本的障碍，中层的黏合剂作用根本无从谈起。

其次，面对这样的处境，有些新中层一时间懵了，不知道该怎么办。他们在工作中陷入了"被动应付"的状态，而不是"主动管理"；总是"等待"事情发生，而不是"推动"工作进展。比如，在推动一些项目时，跟相关人员或部门合作，老是不做跟踪推动，只是等待，如果没有等到好的结果，就抱怨对方做事不力。这其实也是员工心态的一种体现。显然，沉迷在这种心态中，也是无法成为黏合剂的。

新中层想要迅速进步，尽快成为企业中的黏合剂，需要做好以下几件事：

·通过学习的方式建立人际关系

任何人都应该学习，但我们这里所说的学习，其重点不在于学习，而在于通过学习、请教的途径，迅速与企业中各层级的人建立初步的关系。

成为中层之后，你要保持学习的热情。这种态度会拉近你和他人的距离。向上级学习请教,自然是理所当然;主动向同级的同事请教问题,在请教中沟通、交流,发展双方的关系,也是你展开工作的一个好途径;向自己的下属学习,会拉近你和他们的距离,消除他们对于你的戒心和顾虑。

·实践企业文化,投身团队建设

中层不能做"独行侠",一定要通过积极地参加团建,树立自己在集体中的形象,打造自己在企业内部的"名片"。

·展现独特之处,提升管理个性化

你要成为一个独特且有用的人物,让所有人在遇到某种特定情境时都能在第一时间想起你;你不能成为"沉默的大多数",这是中层的工作性质所不能容忍的。所以,你要发出自己的声音,展现自己的个性。在某些关键的时刻,你要敢于站出来,发挥特长、承担非同一般的责任。

总而言之,想要成为黏合剂,先得融入集体,然后让自己变得更有"利用价值"。只有在别人需要你的时候,你的需求才能得到别人的重视。实现了这两个目标之后,你会发现,你在企业中的定位发生了"剧变",你不再是一个特定的"零件",只能在属于自己的方寸之间发挥作用,而是成为"流动"的黏合剂,你走到哪里,哪里就形成了更强的凝聚力。

或许，门就是不固定的墙，
墙就是固定的门

Chapter/03　一个中层的自我修养

成为合格的信息交汇者

中层是企业中最重要的信息传递者、信息解读者，甚至是信息的过滤者。企业中绝大部分的信息都会在中层交汇，经过中层的解读、分析之后，传递到它需要到的地方。所以，我们可以将中层视作企业中的"信息交汇者"。

做好信息的交汇者，是中层提高自我修养的第一步。我们之所以说，中层是公司管理中非常重要的一个环节，是因为它上面连着更高一级的战略管理层，下面则联系着具体执行的操作层，是很关键的枢纽。

之前说过，中层在传递信息的时候，不能仅仅是上传下达——既不是简单地把上面交代的任务转述给下级，也不能把下属做出来的成果直接呈报给上级。尽管现实工作中很多中层就是这样做的，但还是应该指出，这样的做法属于"懒政"，是中层不作为的一种体现。

如果中层仅仅是承担了一个"传话筒"和"传令兵"的角色，往往会造成上层不高兴，下层牢骚满腹。道理很简单，下属觉得：你只是把老板方向性的要求传达给了我，具体怎么做，还需要我自己做判断；做得好有你一份功劳，可做错了呢？你没有任何责任，全是我的错！

当你直接把下属的成果呈报给上层的时候，由于缺乏系统的整理，这些成果很可能缺乏一些上层最希望看到的重要信息，这时候他会觉得你做事不用心，就是在走形式，完全不过脑子。

所以，在信息传递过程中的交流与沟通，是中层必须要掌握的一个技巧，甚至可以说是一门艺术。你既能听得懂上级在讲什么，又能让下属明白你讲的是什么，这非常关键。

· 向上级汇报工作的技巧

在汇报工作的时候，中层先要搞清楚一件事：有时候，领导只希望听到一件事情的结果，就完全够了；但有时候，他们则希望能够了解一些具体的细节。如果中层不能了解领导的需求，该言简意赅的时候，选择了长篇大论；该展开叙述的时候，简单地一笔带过，就会让领导觉得你在工作的时候找不到重点，抓不住核心。

更重要的是，如果你在汇报工作的时候不讲究方法，就很难得到上司对你工作的支持和认可，会让你的工作推进起来更加困难。所以，找到汇报工作的诀窍，是每一个中层都要学习和掌握的技能。

北宋时，苏东坡在杭州任太守。当时西湖由于缺乏治理，自然环境非常不好，苏东坡就想着把这一情况汇报给朝廷，然后争取一笔修缮西湖的经费。

为了达成目的，苏东坡写了一份报告，列举了治理西湖的五大理由。可是，当其他人看完他的报告后，全都傻眼了，因为苏东坡列举的第一条理由是：怕西湖淤塞，鱼儿遭殃。

人们都说，西湖水患涉及千千万万百姓的福祉，鱼儿遭殃与之相比只不过是一件小事罢了，为什么要把这个理由放到首要的位置呢？苏东坡没有回答，而是把这份报告呈报给了朝廷。

当时朝廷中权势最大的人是老太后，她每天都在念佛。当她看到苏东坡的报告之后，马上就联想到，如果西湖不治理，就会让千万鱼儿死于非命，等于是间接地"杀生"。所以，老太后二话不说就批准了苏东坡治理西湖的方案。

这就是有技巧的沟通方法。我们作为一个中层，在汇报工作的时候，一定要搞清楚领导最重视的事情是什么，把他重视的事情说清、说透，工作就成功了一大半。

·向上级总结工作的技巧

除了善于汇报工作之外，中层还应该善于总结工作。也就是说，中层不仅要在工作过程中给上级提供关于工作进展的信息，也要在一项工作完成之后给上级提供总结性的信息。总结工作，要求真实、客观，但真实客观不意味着不讲技巧。总结工作的技巧，在于对侧重点的选择。

清朝的曾国藩，就是一个善于总结工作的高手。他带领湘军与太平天国作战，在湘江、靖港等地屡次吃败仗。在向朝廷总结工作的时候，他的下属在奏折中写了四个字"屡战屡败"，曾国藩看了之后很不满意，随手将这四个字改成了"屡败屡战"。描述的事实完全一样，但是语境和态度却完全不一样了。

很多人都认为，曾国藩这一举动是在玩弄文字游戏，但实际上并非如此。"屡战屡败"四字透露出的是一种消极、悲观、厌战的情绪；而"屡败屡战"展现出的却是一种一往无前、不计较个人安危得失的锐气。

对于上级领导来说，他需要的总结不仅是客观事实的综述，也希望可以从总结中看到你和团队的精神面貌、进取精神。所以，作为中层，必须要掌握一些总结的技巧，在陈述客观事实的同时，利用总结来展示决心、鼓舞士气。

·布置任务的技巧

说完了与上级沟通，我们来说一下与下级之间的交流。

中层最重要的一个工作，就是给下级布置任务，为下属设定目标。黄金时代公司的董事长缪玮是这样定义"目标"二字的——目，是目的；标，是标准。

换句话说，中层在给下属布置任务的时候，起码要讲明白两件事：

·第一件事：我们要达成什么样的目的，实现什么样的结果？

·第二件事：达到什么样的程度才算是达成了目的，通过什么样的方式去达成？

平庸的中层往往只说目的，但是好中层更重视标准。没有明确的标准，工作就没有清晰的方向。所以，在布置工作的时候，最重要的就是设立一个清晰的考核标准，即做到什么程度和层次就是实现了预期；只有每一个环节的考核标准都是清晰的，最后的结果才有可能符合预期的愿景。

·收集信息的技巧

除了布置工作、传达信息之外，中层管理者还要重视收集下属的"信息"。如果一个中层对于下属的工作动态一无所知，就会造成上下之间的信息不对称，无法高效地展开工作。

在收集信息的过程中，中层要记住一个原则：对公不对私。

你可以询问下属的工作过程，但是不能刻意地打探下属的心理状态。因为，工作过程是公事，而心理状态则属于私事；你有公权，但没有私权。

然而，现实中有一些中层管理者似乎不太明白这个道理。

刚刚被任命为部门主管的刘刚，看到手下王芳工作效率比较低，工作进度比较慢，就找到了王芳，询问相关的缘由。但他没有按照正确的方法去询问，而是上来就说："王芳，你最近工作好像有点心不在焉啊，是不是有什么意见？"

王芳一愣，说："有什么意见？"

刘刚说："对公司有意见，或者是对我有意见。"

王芳有些不高兴，说："都没有意见，我能有什么意见，刘总你这么问什么意思？"

刘刚说："没什么意思啊，就是觉得你工作效率突然变低了，一定是有原因吧。"

王芳没好气地说："是我个人的原因，和公司没关系，和你也没关系。"

刘刚一听这话，瞬间也来气了，质问道："怎么就和我没关系了？我是你的上司，你现在这个状态，工作进度落下很多，怎么能说和我没关系呢？"

……

上下级的对话到了如此地步，我们可以断定，在接下来的沟通中，一定是双方逐渐丧失理性，对话偏离正轨。这位中层也肯定无法通过沟通获得真正有用的信息。问题出在哪儿呢？就是我们前面说的，背离了"对公不对私"的原则。

很多中层自认为，询问下属的生活状况和心理状态是出于好意，但他们没有考虑到被"关心"的人是否愿意分享自己的内心感受，以及自身的境遇。所以，如果你想要获得下属的一些信息，想要去关心下属的工作进展情况，应该去问他工作的流程是否清晰，去探究问题到底出在哪儿，在什么地方还有所欠缺，继而帮助他一起解决问题。这才是一个领导最该做的事，而不是去探寻对方的私事，那不是一个中层该做的事情。除非你非常确定，下属很愿意和你分享他的私人问题。

总而言之，想把中层的工作做好，一定要学会输出信息、获取信息、整理信息，这样才能做到有效沟通，更好地处理上下级关系，成为一个合格的信息交汇者。

坚持正向管理，警惕"逆向管理"

很多中层经常会抱怨："时间真的不够用，每天上班都很忙，工作千头万绪的，总是被事务性的工作拖累，下属又指望不上，自己累得头晕……"请注意，如果你作为中层在工作中出现了这样的状况，你首先要考虑的问题是——我是不是被下属"逆向管理"了？

所谓的"逆向管理"，就是下属抓住了中层的弱点，占用了中层的时间，导致中层对基层的管理失效，而基层开始通过某种方式控制中层。新中层要想在管理的道路上更进一步，必须要摆脱这种框框。

有些"自以为是"的员工，特别善于对上级实施"逆向管理"，他会用各种各样的方式，来占用你的时间。比如，有的属下特别喜欢请教工作，在工作中一遇到拿不准的事情就会上门请教。此时，身为中层的你千万不要以为拥有如此"虚心"的员工是福音，在这个岗位上待得久了，你就会知道，这其实是一种"灾难"。

X是一个企业的中层，手下管理着七八个员工。这些团队成员对X非常尊重，一有问题就来向他请教。在执行任务的过程中，也会不断地找到X，请他出谋划策、指导工作。

起初，X认为耐心地培养下属是自己的责任，这样能够让他们在历练中不断地提高工作能力。所以，每当有员工前来请教问题，X总是会放下手头的事情，帮助他们一起解决。上任后的三个月里，X正常的工作时间大部分都用来给下属答疑解惑了，自己需要完成的工作经常要靠加班来解决。虽然很疲惫，可刚刚当上中层领导的X将其视作理所当然，他在心里安慰自己说:"能力越大、职位越高,就越要承担起更多的责任嘛!"

有一次,X无意间听到两个下属的对话——

下属A:"那几件事你做完了吗?"

下属B:"还得再等等,X总那边还没交代要怎么处理呢!"

下属A:"这件事情具体怎么办,不需要非得X总拍板吧?你自己可以拿主意啊!"

下属B:"唉,我自己拿不定主意,怕出错,X总凡事都能处理得很妥当,每次我都要请教他,按照他的指示办更踏实。"

下属A:"说得也是,我以后也得跟你学着点,这样更妥当。"

两人聊了几句之后,就开始讨论起其他的事,完全没注意到X。然而,X的心里却很不是滋味,他想:"原来我费心费力地指导下属,换来的并不是下属能力的提升,反而让他们形成了依赖心理,他们会越来越不喜欢自己主动做事,最后会把事情全推给我。"

像X这样的中层,其实在企业中很常见。他们出于对工作负责的态度,尽心尽力地帮助下属完成任务,但换来的并不是一群更有能力、更有上进心的下属,而是一群嗷嗷待哺的"巨婴",一群丧失了主观能动性的机器。不夸张地说,这是一个团队走向堕落的前兆。

中层们要切记,下属是你的员工,而不是你的监工。在团队中,不能所有的事情都由你来做决定,也不是所有任务的执行都需你亲自协助。中层忙得要死，下属优哉游哉，这样的团队绝对不是一个健康的团队。

那么，该怎样做才能够实现，既培养下属的能力，又避免自己陷入被"逆向管理"呢？

·要求下属整理文字资料

身为中层管理者，自然不能把下属的请教当成一件完全有害的事。事实上，积极回应下属的请示，并指出相应的解决方案，是中层的分内工作。但你要记住，不能让下属在请示的时候"不劳而获"。换句话说，他们可以请教，你也可以协助，但前提是，在向你求助之前，确保他们已经尽心尽力地思考过，为之进行过相应的努力，要让他们整理好文字资料。

为什么要整理文字资料呢？这样做的好处有两个：

（1）给你提供更多的参考信息

下属简单的口述很可能会遗漏一些重要信息。你根据不充分的信息所作出的决策，也一定是不全面的。所以，让他们拿出全面的文字资料，可以帮助你正确判断，避免决策失误。

（2）提供一个纸面上的证明

下属会有很多事情等待你决策，如果仅仅是做一个口头汇报，你给予口头指示，那么将来下属无论做了什么，都可以说"是您让我这么做的"。所以，留下纸面的证明是非常有必要的，要让下属明确自己的职责。

·确定文字资料的字数范围

有些下属虽然准备了文字资料，但是实则是把所有的资料通过简单的打包之后，一股脑地塞给了你。这样的文字资料，一来无法锻炼下属的工作能力，二来会增加你阅读资料的负担。所以，你必须要给出文字资料的字数范围。让下属在呈报资料之前，学会先自己总结、归纳。

你可以接受和容忍一个下属没有决策的能力，但如果他连总结问题、归纳问题的能力也没有，这样的下属是不合格的。通过这个方法，你也可以对下属的能力进行初步的评估。

当然了，字数只是一个参考，有些事情确实在规定字数范围之内说不明白的，你也可以放宽标准。但这个时候，你需要甄别一下，到底是规定字数说不明白，还是下属的整理思路不精准，或者是工作态度有问题。这也是一种评估下属的方式。

·不要迷恋下属的"崇拜"

有些中层特别喜欢经常请教问题的下属，原因就是，在这个过程中，他能够体会到被需要、被崇拜的感觉。如果沉迷在这种心态中，长此以往，整个部门的发展会每况愈下。想要成为出色的中层，这种不成熟的心态是一定要摒弃的。

·不要当下属的"闹钟"

最后要提醒中层的一个重要细节是，千万不要当下属的"闹钟"。如果下属每一件事情都需要你提醒，倘若你不提醒，他们就不主动完成，那也是被"逆向管理"的一种体现。

这就需要，中层在布置任务的时候，事先告诉员工汇报的周期。如果在这个汇报时间节点之外，还有其他事项需要和你讨论，那就需要按照前面的第一点：带好与问题相关的文字资料，前来找你商议。

"全局思维"养成的五个坐标

全局思维是由基层员工晋升到中层领导之后，最需要培养的一种思维模式。

全局思维的重要性，我们不再赘述了，相信每一个新中层都深有体会。全局思维在生活中无处不在，在很多场景下、很多领域中，是否拥有全局思维直接决定着人与人之间的水平差异。

我们举个最简单的例子：明天，某人要去迪士尼乐园游玩。在出发之前，他可以什么都不做，也可以提前找一张迪士尼乐园的地图看一下，规划一下游玩路线。别小看这么一个不起眼的行为差异，它直接关系到这个人是否能在迪士尼玩得尽兴。

　　与很多去过迪士尼乐园的人交谈之后，你会发现：许多人虽然去过，但是聊起其中的某个项目却显得一脸茫然，他会问："那是个什么项目？在哪儿？我怎么没见过。"他们为什么会如此混沌不清？就是因为没有提前看一看地图，没有提前规划一下游玩路线。很有可能，这些项目当时一不留神就错过了。

　　那张地图意味着什么？实际上，它就是"全局思维"。

　　在去迪士尼乐园游玩这件小事上，看不看地图没那么要紧，懵懵懂懂地游玩一番，也自有乐趣。但是，在管理这件事情上，没有养成"凡事看地图、提前规划路线"的习惯，是万万不行的。换句话说，如果你没有全局思维，就无法成为一个好中层。

　　那么，对中层管理者而言，如何才能够真正养成全局思维呢？

　　实际上，在"中层管理的全局思维"这张地图上，有五个非常重要的坐标。从你第一天坐上中层的位置，就应该朝着这五个坐标快速迈进。

·第一个坐标：团队招募

　　一个中层的全局思维，首先体现在什么地方？答案一定是，他心里非常清楚地知道我需要什么样的下属，我要打造一个什么样的团队！如果没有弄清楚这一点，全局思维就无从谈起——无兵可用，战略再高超有什么用？

对于新中层来说，手下的人可能不是自己亲自挑选的，但你可以设立自己的一套标准和评判方式，以此作为衡量下属的标尺；也可以用自己的实际行动，直接或间接地影响他们。最终的目的，就是要找到那些符合你要求的人，作为自己团队的中坚力量。

想要改变一个人的性格是很难的，但在一个团队中，个人的行为方式和思维模式在很大程度上都跟领导的影响密切相关。就如《亮剑》中政委赵刚所说："一支部队也是有气质和性格的，而这种气质和性格是和首任的军事主管有关，他的性格强悍，这支部队就强悍，就嗷嗷叫，部队就有了灵魂，从此，无论这支部队换了多少茬人，它的灵魂仍在。"

我们有理由相信，如果管理方法得当，完全可以塑造出一个团队的性格和气质。

·第二个坐标：目标

全局思维服务的对象，应该是你的目标。你需要带领下属朝着目标不断迈进。但是，在追逐目标的过程中，中层一定要知道两件事：

·你的目标，不见得是所有人的目标。

·你实现目标的方法，不见得是所有人的方法，每个人都有自己的一套方法。

鉴于此，在确立目标之后，中层要做的第一件事，就是将这个目标植根于下属的心里。由于下属的性格和心态不同，所以你还要加以区分，用不同的方式激励他们去实现目标。

有些员工属于自驱型，这类员工有进取心，也有长远的打算，只要你的目标设定得合理，他们非常愿意加入你的"阵营"。对于这类员工，只要给予他们长期的激励，如更大的自主权、长期的分红机制等，就能让他们不断地发挥出潜能。

还有一些员工属于任务型，他们对长期目标不感兴趣，只关心"我今天要做什么，我明天可以得到什么"。对于这类员工，要以短期激励为主，通过奖金、休假等方式，去激励他们完成有限的目标。实际上，能够完成一个又一个短期目标，也是在为你实现长期目标作贡献。

·第三个坐标：团队文化

组建了一个团队，设定了长期的目标，在接下来很长的一段时间里，还要致力于打造一种团队文化。团队文化，听起来是比较务虚的概念，但是"虚"不代表无用，因为精神上的"虚"可以转化为物质上的"实"。

无论是企业还是团队，人是最重要的因素，而人又是最复杂的生物，灵活多变，有很强的自主性和独特性。把一群人集中在一起朝着一个方向努力，是天底下最难的事之一。

周其仁教授曾说："处理人跟人之间的问题，特别是建立人之间的信任，很不容易。里面除了有思想问题，还有组织技术。如何系统地让人互相建立信任，一天一天、一年一年持续下去，这是很不容易的。人的关系很容易'变形'，甚至可以说比钢条还容易变形。钢炼好了不轻易变形，可是人的关系、组织就容易'变形'，因为人是主动资产，受外部各种想法、利益、风潮的刺激，日久生变很常见。"

有没有什么东西，可以让团队中的人统一思想、统一行动？

答案是有，那就是团队文化。团队文化之所以有这种神奇的魔力，是因为不再是冰冷的规章制度，而是融入团队成员中骨子里的"动机"。比如，有些团队强调狼性文化，你会发现，即便是没有规章制度的制约，这样的团队也是充满渴望、充满激情的；有些团队强调坚韧，那么这个团队在遇到困难的时候，一定不会被轻易打倒。

对中层而言，你的团队需要建立什么样的文化，取决于两个方面：

· 你自己。你的性格是什么样的，团队文化就会朝着什么样的方向发展。你充满渴望，团队就会如饥似渴；你无私奉献，团队就会忘我奉公；你遇事豁达，团队自然也充满乐观主义的精神。

· 所在行业。每个行业都需要不同的团队文化，销售行业就是要强调狼性、强调欲望；需要精细工作的行业，就是要强调严谨、强调危机意识。

人不同、行业不同，需要营造的文化自然也不同，这就需要每一个中层结合自己的实际情况，慢慢地摸索。

· 第四个坐标：问题的关键点

所谓的全局意识，不是眉毛胡子一把抓。越是有全局意识的人，越能找到问题的关键点。一个优秀的中层管理者，在执行任何一项工作时，都会首先找到问题的关键所在，了解问题中的主要矛盾和次要矛盾。

在实际工作中，中层往往会遇到许多矛盾，比如：任务繁重与人手不够的矛盾，目标与分工的矛盾，等等。面对这一系列的矛盾，该怎么办呢？

首先，要深入认识每一种矛盾。比如，面对任务繁重与人手不够的矛盾，先评估人手的缺口到底有多大，是否能够通过加班来弥补这个缺口。如果人员缺口已经大到无法用加班来弥补了，你却没有认识到这一点，非逼着下属加班完成工作，最终会导致工作做不完，下属怨声载道。这，就是没有抓住解决问题的关键。

其次，要分清主要矛盾和次要矛盾。比如，目标与分工的矛盾。要知道，在这个矛盾里，实现目标是根本，分工是手段。处理这个问题时，不能因为分工有问题就转变了目标，而是要通过改变分工，来更好地达成目标。

·第五个坐标：数据

有些中层不重视数据，无论是行业的发展数据、公司的营收数据还是下属的出勤数据，在他们眼里都只是一堆冰冷的数字，没有任何意义。

其实，数据中隐藏着事物发展的规律和趋势。中层想要提高自己的全局意识，一定要在数据中发现问题，提高自己对数据的敏感性，从数据的变化中发现解决问题的方法。要知道，如今是数字的时代，如果不能提高数据分析能力，将难以看到发展的大趋势，永远是井底之蛙。

中层的两种"作秀思维"

中层是一个团队的领头羊，自身的工作能力、行为方式、思维方法甚至喜好，都会对团队成员产生莫大的影响。所以，作为中层管理者，一定要勇当下级学习的标杆。

我们受到的传统教育强调内敛、中庸，提倡默默付出、做好事不留名，所以有许多中层管理者都属于埋头苦干的类型，他们能力虽强却不愿意在众人面前表现自己。

不得不说，这也是走入了一个误区。中层需要发挥影响力，通过自己的表现，带动整个团队的氛围。用现在比较流行的词来形容的话，在必要的时刻，还是得学会"作秀"。

提到"作秀"，立刻会有人想到，为了某种目的有意制造出来假的、美好的表现。的确，这种"作秀"是我们排斥和鄙视的，因为它不够真实，太过功利。我们这里说的"作秀"，其实是想强调一种思维模式，即在需要的时刻，秀出自我，利用自身的言行来感染团队。

但是，即便是正向的"作秀"，也不是随意的，而是要起到正向的作用。那么，"作秀"有哪两种呢？

·标杆效应——为了带动团队而"作秀"

"二战"时期的巴顿将军，就是一个特别善于"作秀"的人。

有一次，巴顿将军带领他的部分急行军前进。当时，天降大雨，道路泥泞，一辆汽车不巧陷入了泥潭里。于是，大家纷纷下车，开始埋头推车。但是，车子太重了，大家推了半天也没有推出来。这时候，其他战友纷纷前来帮忙，最后总算把车子推出泥潭。

车子出了泥潭后，大家都松了一口。这时候，一个人抹了一把脸上的泥，露出了真容。大家定睛一看，这不是别人，正是巴顿将军。

巴顿将军的这个故事流传开之后，有人指责他："你是在作秀！"对此，巴顿回应说："推一次车是作秀，可在我的军人生涯中，像这样的场景发生过无数次，就算我每一次都是在作秀，也比你这个在战争中躲在后方、战后却站出来说一些混蛋话的家伙强多了！"

巴顿将军道出了一个真理：作为领导，不要怕"抛头露脸、冲在前面"，你这样做一次，别人可能会说你是"作秀"，但如果你能把这个"秀"一直做下去，那么这就是你的本色，你的行动一定会感染到其他人

所以，中层不要害怕自己成为榜样，不要害怕自己"鹤立鸡群"，你的下属也不希望自己跟了一个看起来很无力、很平庸的领导，有能力就要大胆地秀出来。

无独有偶。苏联同样有一位喜欢"作秀"的将军，他叫崔可夫。1919年4月，崔可夫带领步兵第40团抗击高尔察克部队，就当苏军要取得胜利的时候，敌人的援兵突然到了。

苏军战士之前没有做好与敌人的援军作战的准备。所以，在他们看到敌人的援兵之后，惊慌失措，战局发生了惊天逆转，甚至有些士兵还试图逃离战场。

这个时候，崔可夫并没有按照军令枪决那些企图逃离战场的士兵，因为他知道，战场的突发情况已经超出了普通士兵的认识，他们有此行为也是意料之中的。为了稳住军心，崔可夫翻身上马，举起枪对着那些逃兵们高喊："你们跟着我一起上！"

说完，这位苏联红军的勇将策马冲在了最前面。那些准备逃跑的士兵们见自己的主帅冲了上去，马上停住了逃跑的脚步，跟着崔可夫一起冲向了敌人。其他士兵见此，更是军心大振，发动了猛烈的冲锋，敌人瞬间被打败了。

崔可夫的事迹，告诉中层另一个道理——越是关键的时刻，越是危机的时刻，作为领导者，一定要以身作则冲在前面，且要让所有人都看到你的态度。你把这件事情做好了，就能用最低的成本去改变当前的局面。

中层是要有存在感的，一个没有存在感、不会制造影响力的中层，很难带动自己的团队。在这里，我们强调的"作秀"，指的是通过自己的以身作则去带动整个团队。以身作则是方法，带动团队是目的。

·独行侠效应——只顾展现自己而"作秀"

有的中层领导恰恰相反，他们也很喜欢"作秀"，但是却只顾展现自己，没有起到带动团队的作用。这种"作秀"非但无益反而有害，我们把这类中层称为"独行侠"。

所谓独行侠，就是将所有的问题都自己一肩挑，既不需要别人的帮助，也从来不会主动帮助别人。他们可能是孤胆英雄，但肯定无法成为武林的盟主。

孤行侠们的"作秀"与标杆中层的"作秀"有本质的区别。

标杆中层只在关键时间、困难时刻挺身而出，在多数情况下，他们信任自己的下属，不会过多地抢下属的风头。然而，独行侠中层却时时刻刻都在显示自己的力量，自觉不自觉地用自己的优秀去反衬别人的平庸，这样的人注定无法成为一个好的中层。

曾经，日本"经营之神"松下幸之助任命一个叫中尾的人担任研发部的部长，负责研发一种家用电器中使用的小型马达。中尾得到命令之后，开始没日没夜地工作起来，他认为只要自己完成了松下交代的任务，就一定能在集团公司里赢得所有人的尊重。

有一次，松下正好路过中尾的实验室，发现中尾自己正在辛勤地工作，而他的下属们则处于无人管的状态，工作状态都很差。于是，松下对中尾说："我信任你，将你安排到如此重要的岗位上，不是希望你可以靠一人之力完成所有的工作，而是希望你能够培养出十个、一百个像你这样的人。身为研究员，你非常出色，但是身为研发部的部长，你根本不称职。"

经过松下的提点，中尾这才幡然醒悟。于是，他开始在工作中担起带动者的角色，带领着一帮年轻的研发人员朝着一个方向不断努力。平时，他不显山不露水，只有到了关键时刻才会挺身而出，帮助年轻人解决问题。在松下公司的年轻人心目中，中尾就是他们的偶像，是他们的榜样，所有人都希望自己能够成为"下一个中尾"。

松下公司的年轻研发人员得到了锻炼,中尾也有了更多的帮手。后来,松下公司不仅研发出了开放型的三相诱导型电动机,还挤垮了日本最大的电动机生产厂家——百川电机。

百川的老总遇到了松下幸之助,说:"我们公司是专门做电机的,你们才做了三年,就把我们打垮了,而且你们的电机比我们的要先进不少,你从哪里找来了这么厉害的专家?"

松下幸之助说:"我们没有在外面找专家,我们的专家全部都是内部培养出来的,我们只要有了一个像中尾这样的顶级专家,就能把所有的员工都培养成专家!你可以找到几十个优秀的专家为你做事,但我却有几百个像专家一样优秀的员工为我做事!"

从松下这番话中,我们能够体会到,一个善于带动团队的中层,一个能够成为员工偶像的中层,对于团队的贡献要比一个能力很强但孤军奋战的中层大得多。

至此,我们再回过头来看,有些中层感觉自己太累太辛苦,凡事都得亲力亲为,下属完全靠不住……实际上,问题就出在他们自己身上——忽视了中层的带动作用,轻视了下属的潜力。团队的能力弱,归根结底是中层没有把自己该做的事情做好。只有落后的领导,没有落后的员工。这句话,值得每一位中层管理者牢记于心。

中　篇

——中层"新"挑战

Chapter/04 "新"中层要学会管理"老"员工

搞定老员工的"三板斧"

新中层初上任，面临的第一个"大魔王"，不是自己的新领导，而是手下的老员工。

老员工在单位中资历深、人脉广、底子厚，用得好就是得力的干将，用得不好就是巨大的障碍。通常情况下，老员工对于新中层往往不会特别"友好"，主要原因有两点：

第一，老员工也渴望"上进"，在某个职位空缺的时候，他们也会想："我在单位这么多年了，没有功劳也有苦劳，这一次怎么着也该轮到我了吧！"结果呢？事与愿违，你横空出世，成了新的领导，他们心中自然会有落差，因而产生了暂时的"敌对"情绪。

第二，有些老员工在单位工作的时间长了，已经变成了人们说的"老油条"。"老油条"一词带有贬义，通常有"不服管教""倚老卖老"的意思。对新中层来讲，"老油条"显然是不太容易管理的。

当老员工对新中层有抵触情绪时，他们可能会仗着自己的年龄和资历，对新中层爱理不理、阳奉阴违，甚至个别人会更加恶劣，鼓动身边的人一起对抗新中层；还有些老员工眼里只有大老板，轻视其他领导，或是习惯于单打独斗无视团队合作，或是自由散漫不遵守考勤纪律……如此种种，都会给新中层造成很大的压力。

总之，老员工肯定会有一些小毛病，否则的话，凭他们的资历早就应该到更高的岗位上去了。所以，新中层上任后，不能小觑老员工的管理难度，不要天真地认为"老员工也是普通人，管理他们和管理其他人没什么分别"。若真如此，很可能会摔大跟头。

管理老员工有几条基本的原则，需要新中层谨记：

·第一条原则：千万不要一上来就启动"辞退"程序

王昊当上部门经理之后，就遭遇到了部门里老员工的"阻击"。他布置的任务，这位老员工总是打折执行，当王昊询问：为什么任务没能保质保量完成？老员工撂下一句话："您刚来，不明白具体情况，把问题想得太简单了。"

王昊数次组织全体会议，要求大家必须参加。可是，这位老员工总是请假，理由无外乎："我正好要去见一个重要客户，不能参加了。"

王昊实在忍不住，说了一句："你以后能不能不要在开会的时候约见客户？"

老员工说道："我当然没问题，可是客户的时间我做不了主，人家说要什么时候见面，我也不好拒绝。毕竟，这些客户都是咱们公司的老客户了，他们和公司合作的时候，您还没来呢！"

王昊知道，老员工这么说的言下之意是："你的资历太浅，和我们这些老人没法比。"

为了和老员工打好关系，王昊曾经多次主动私下与对方接触，为的是拉近双方的关系。可是，老员工饭也吃了、酒也喝了，依旧是我行我素，根本不把王昊放在眼里。这也难怪，在王昊担任部门经理之前，单位里曾经传出过风声，说这个位置原本要给这位老员工。后来，领导考虑到这位老员工的工作能力和人品，认为他难以胜任，最终选择由王昊担任这一职务。为此，老员工心里有气，故意和王昊对着干。

王昊实在是忍无可忍了，再任由老员工这么闹下去，自己在部门中的威信就会荡然无存，以后的工作可怎么展开啊！于是，他决定干脆一不做二不休，直接将这位老员工辞退。

然而，当王昊把自己的想法向上级领导汇报之后，上级领导却断然否决了他的提议。王昊想不明白：为什么这样一个员工，领导还要护着他？难道说，这里面有什么隐情？

其实，是王昊想多了，没有什么隐情，老员工也只是一个普通员工。

上级之所以不愿意辞退老员工，一来是这样的员工跟随公司多年，贸然辞退的话，可能会影响其他员工对公司的评价，他们会想："连元老级的员工都能随时被辞退，那我们岂不是更没有保障了？"这样一来，很容易"动摇军心"。二来，元老级的员工之所以能在企业中"生存"这么久，一定是有他的价值和长项。中层领导可能短期内还没有了解到他们的真正作用，故而才会做出草率的决定。

作为新中层，刚刚上位后，即便是遇到了一些来自老员工的麻烦，也不要很简单地认为："这有什么呢？开除他就是了！"更不要简单地认为，开除老员工可以"杀鸡儆猴"，以儆效尤，这都是非常冲动和幼稚的想法。

那么，新中层该如何"搞定"职场"老油条"呢？这里有几条建议：

·扬长避短

老员工在单位生存了这么久，一定有他的生存之道，你需要让他走在自己熟悉的那条"道"上。千万不要把老员工当成砖，哪里需要哪里搬，这块砖搬起来可能会砸自己的脚，一定要把他们放在一个合适的位置上。

·多向老员工请教

有些老员工之所以看起来难以相处，是因为他们觉得，你没有给予他们足够的重视，不了解他们的能力。那么，中层领导怎样才能显示出对他们的重视和了解呢？

最简单的办法就是向他们请教一些问题。实际上，这些老员工往往也有一些过人之处，向他们请教问题肯定会有收获。另外，这样的做法也是表明中层的态度，让他们觉得自己是受尊重、受重视的。

·抓住痛点戳一下

不乏有些老员工"油盐不进"，不想着怎么把工作干好，整天盘算着在办公室里"搞政治""谋利益""拉团伙"……对于这样的老员工，一定要找到他们的痛点，一击必中，才能够"制服"他们。老员工在单位里待得时间长了，有功，自然也有过，抓住他们以往的漏洞，就相当于抓住了他们的痛点。在痛点上猛戳一下，对他们也是一种警醒与震慑。

抓准这三点，结合正确的管理手段，消灭"老油条"的萌芽条件，生存土壤没有了，人自然就不容易变"油"了。

处理下属越级汇报要 "以柔克刚"

越级汇报，可谓职场大忌之一。职场中人大都尽量避免越级汇报现象的发生。可是，新中层面对的处境却不妙，他们可能屡屡碰到自己的下属 "越级汇报"。

为什么会这样？该怎么办？这是新中层们想要搞清楚的问题。

通常来说，新中层的下属选择越级汇报，主要原因有两点：

·新的组织结构不够稳固

一个团队在有了新的 "掌舵人" 之后，会经历一个比较 "迷茫" 的时期，大家都有些无所适从，甚至是人心涣散。因此，这个阶段的组织结构其实是不稳固的。由于组织结构不稳固，各项程序不明确，所以就出现了越级汇报的现象。

·表现欲强的人想获得高层注意

有些员工的表现欲比较强，他们希望获得高层领导的注意和认可。为此，他们会想方设法与更高一级的领导接触。恰巧新中层来了之后，可能对团队里的一些事情不是特别明白，这就给了他们越级汇报的机会和借口。

不管是哪个理由，越级汇报所揭示出的最主要的问题都可归咎于信任缺失。

所以，新中层在面对越级汇报的现象时，先不要把问题想得太严重，也不要上纲上线地处理这些问题，你最应该做的就是"建立信任。"

对于越级汇报这件事，你要采取"五字真言"来应对——"假装不知道"！

新官上任，最忌锋芒毕露，那样会给他人留下攻击性太强的印象。而且，如果你太过强势，一旦引起了下属的"反弹"，你的上司很可能会认为你缺乏凝聚团队的能力，这对于中层来讲是很不利的。

某企业是一家创业公司，经过了一段时间的发展之后，逐渐做大做强，从最初的30多人做到了200人的规模。创业之初，企业里的大事小情都归老板一个人管，但是随着企业里的人越来越多、业务也逐渐趋于稳定，老板认为是该放权的时候了。于是，他将企业原来的业务部分成了3个团队，每一个团队都由一位新上任的部门经理负责。

黄某就是新上任的三个部门经理之一。其他两个经理都是从原来的团队中提拔到这个位置上的，而黄某则不同，他是通过招聘的方式"空降"来的。

黄某在原来的单位就是一位中层领导，他认为自己来到新单位之后，应该很快就能适应新环境。可令他没有想到的是，新单位、新下属的某些做法着实令他难以接受，其中最让他感到不满的就是，自己的下属太喜欢越级汇报了。

由于之前公司的大事小情都是老板一人独断，这些员工养成了直接向老板汇报工作的习惯。可对于曾在一家大公司工作过的黄某来说，这是万万不能接受的。他认为，这是下属不专业、组织不成熟的体现。所以，黄某为了这件事，跟下属发了几次脾气，还立下了一条规矩——以后凡事杜绝越级汇报！

老板知道了这件事情之后，虽然嘴上说这是应该的，是正确的管理理念，可心里终归有点儿不舒服。至于下属们，更是对黄某心存不满，有些人甚至因此与他产生了冲突。有好几个员工都在公开场合表示：黄某独断专行，不是一个合格的管理者。

黄某认为自己做得没错，他一直坚持自己的理念。正因如此，他和下属之间的矛盾非但没有调和，反而越来越尖锐。终于有一天，老板也认为黄某似乎没有能力管理好团队，只能委婉地请他另谋高就。

黄某的失败，最直接原因就是，他没能妥善地处理好越级汇报的问题。在这件事情的处理上，他太过"刚猛"，导致了团队下属的强力反弹。这要提醒中层们，在处理越级汇报这件事上，最好是"柔"一些。

你可以先假装听不见、看不见，做好自己的事情。然后，通过其他方面的实践，建立团队内部的信任基础。最后，你会发现，只要建立起了信任感，大多数越级汇报的情况会自然而然地消失。当越级汇报成为团队中的"偶发现象"，或者说是"个别行为"之后，你再站出来，通过口头警告或制定规则的方式，杜绝这种现象的发生，才能取得良好的结果。

另外，作为中层管理者，自己也要在团队内部防止"越级汇报"现象的产生。比如说，在你的团队中你是第一负责人，下面可能还有一些基层的管理者。这时候，如果一个普通员工越过了基层的负责人，直接向你汇报一些问题，你千万不要认为这是理所当然的，一定要制止这种行为的发生。

越级汇报的现象发生得过于频繁，会引发团队内的信任危机，从而影响管理者之间的和谐关系。退一步说，如果你直接采纳了越级汇报者的工作建议，并没有对汇报者进行批评或警告，很可能会让团队内的其他成员误认为，越级汇报是被你所认可的一种行为。久而久之，就会破坏团队内的氛围。

很多管理专家认为，在企业里之所以会频繁的出现越级汇报的情况，是因为我们的企业虽然每个级别都有相应的管理者，但等级界线及职务界线十分模糊，这非常不利于组织的科学化管理。

通过观察，我们会发现：很多中层一方面讨厌自己的下属向自己的上级直接汇报问题，而另一方面，他们又鼓励最基层的员工越过基层的管理者来向自己汇报问题，他们认为：反正团队里人数也不多，没必要搞得那么"规范"。事实上，无论一个团队人多人少，都要建立起一套规范的汇报机制。如果没有规范的汇报机制，这个团队始终是一锅粥，稀里糊涂、不清不楚。

管理学上有个著名的原则："上级只能越级检查，不能越级指挥；下级只能越级投诉，不能越级汇报"。这句话不只是说给高层管理者听的，也是中层管理者需要警醒的，毕竟，中层混乱则企业混乱。身为中层，首先要成为管理原则的践行者，做出表率。

与"德高望重者"的相处之道

不是所有的老员工都是"刺头""老油条"，还有很多老员工非常值得敬重，他们有极强的团队精神和奉献精神。或许，他们不适合做管理者，但绝对是业务上的骨干、员工的精神标杆。

这些老员工如同部队中的高级士官，他们的"军衔"可能不高，但在自己的工作岗位上却有着不可替代的重要作用。据说，部队中的一级军士长虽然也属于"普通士兵"，却备受尊敬，就连高级军官见了他们也非常客气。

一级军士长之所以受尊重，一是因为他们在军队的服役时间长，很多一级军士长的服役时间超过了三十年，可能师长或军长都不如他们入伍的时间长。二是因为这些老兵往往掌握着其他人不具备的特殊才能，做出过杰出的贡献，是团队中不可或缺的人物。

其实，在企业和团队里也存在着这样的人物，他们资历老、业务优、人品好，虽然身在基层的职位，但企业上下都非常尊重他们。

在国际知名的佳士得拍卖行，有一位叫吉尔的员工。

吉尔出生于纽约布鲁克林黑人区，家庭贫困，没有上过学。成年之后，他想要找到一份好工作，却屡屡受阻。有一天，吉尔得知佳士得拍卖行在招门童，也就是"看门人"。吉尔想，或许自己可以胜任这份工作。于是，他去参加了面试，并在众多应聘者中脱颖而出，成为世界最著名拍卖公司的门童。

在很多人眼中，门童是一份没有技术含量的工作，不需要动脑筋。但吉尔却不这样认为，自从开始工作后，他就一直在思考：如何才能把这份工作做到尽善尽美？他发现，每一位进出公司大门的人物都有着较高的身份地位，只有令他们感到倍受尊重，有宾至如归的感觉，他们才愿意常常光顾。

　　为此，吉尔把报纸上的那些名人照片、名字和介绍都剪下来，贴在家中的墙上。经过反复地记忆，他几乎能够认得出每一位来到拍卖行的客人，哪怕客人是第一次来。

　　每个客人一来到拍卖行的门口，吉尔总是迅速地迎接上去，笑呵呵地打开门，说："啊，您好，肯尼迪夫人""安迪·沃霍尔先生，我们一直在等您哦！"

　　吉尔的努力得到了佳士得公司的认可，公司对他信任有加，上级领导甚至把艺术品宝库的钥匙都交给了他。

　　有一次，佳士得拍卖行准备在伦敦举办一次重大活动，他们需要一位能够认识所有重要客户和名人的接待者。符合这个标准的员工在佳士得拍卖行只有一位，就是吉尔。于是，公司总裁邀请吉尔和太太一同前往伦敦。

　　吉尔之前从来没有离开过纽约，这一次，他乘坐着飞机来到了伦敦。机场里停着一辆加长林肯——这辆豪车是为佳士得拍卖行为自己最好的员工吉尔准备的。乘坐着豪车来到了伦敦拍卖行的门口，虽然吉尔在这里依然是一位门童，但他感到了无上的荣耀。怀着对公司的感恩之情、对工作的赤诚之心，吉尔圆满地完成了任务。

　　35 年时间过去了，吉尔要退休了。公司为了表彰他在自己工作岗位上的认真和严谨，为他筹备了盛大的退休酒会，并宣布他将以公司副总裁的身份和待遇退休。

事实上，在我们的企业中，就很可能存在着像吉尔一样的员工。

和这样的员工相处，最重要的是给予他们足够的尊重，并让团队中的所有成员都能体会到"工作没有高低贵贱，只是各有分工不同"的真谛，从而激发出团队的凝聚力和执行力。同时，让这些愿意默默付出而不计较职位高低的老员工，在团队中拥有比较高的地位和相应的报酬，也会让所有员工都能对自己当前的工作充满希望和敬畏。

如果不能与德高望重的老员工融洽相处，可能会带来很大的负面影响。由于这些老员工在团队甚至是单位里都有着较强的话语权，他们的存在可能会在某些时候"削弱"中层领导的权威性。有些中层急于掌控团队、树立权威，因而与这些老员工产生了一些不睦，结果是很容易造成团队的"分化"。

为了避免这种现象的发生，新中层要确立"三个意识"：

·第一个意识：目标意识

新中层要明白自己的目标是什么，更要让下属明白团队的目标是什么。只有把个人目标和团队目标合二为一，才能赢得所有人包括那些老员工的认可。只要大家的目标是一致的，就算是有分歧甚至是小的冲突，也能够"就事论事"地讨论问题、处理问题。

·第二个意识：沟通意识

很多时候，中层管理者与老员工之所以产生间隙，是因为沟通不足。大部分人都更愿意与自己的同龄人沟通，总觉得年岁差得稍大一些，就会存在代沟，这是人的常规思维。但是，作为一个团队的领导，你不能因为个人的"喜好"而差别对待，更不能忽视与老员工的沟通。相反，你应该更加积极、主动地与他们沟通，因为这些老员工大都不会主动祖露心声，你要主动打开话匣子，与他们交心。

·第三个意识：授权意识

很多新中层上任之后把自己手中的权力抓得过紧，凡事都要过问，事必躬亲。而那些德高望重的老员工，自尊心一般都很强，在专业领域内有他们自己的信心。如果中层把他们管得太死，干预得太多，势必引起他们的不满。所以，新中层要有授权意识，特别是对于那些德高望重的老员工，充分信任他们，大胆授权，反而更能激发其工作的积极性。

旧同事变成新下属，怎么办？

不少新中层上任之后都会遇到一个颇为头疼的问题：曾经

　　的老同事如今变成了新下属。面对角色身份的转变，对这些老同事主动示好给予优待会造成公平性的问题，给压力又会遭遇抵抗更加破坏双方关系。到底该怎么处理才好？

　　这对于中层的确是一个难题。我们都知道，人际交往是有惯性的，当你习惯了用某种方式与一个人接触之后，就会不自觉地将这种模式一直延续下去。但是，随着双方角色的转变，再沿用固有的相处模式，就会成为一种阻力，影响新中层的工作推进。

　　张某在一家国有企业任职，由于他能力出众，所以仅仅用了两年时间就晋升到了管理岗位上。张某感觉压力很大，一方面，他希望自己能够在管理岗位上不辱使命，发挥自己的能力；可另一方面，他现在的下属都是曾经的同事，这些同事的工龄大都比他长，自他进入公司之后，同事们给过他很多帮助。就在一个月以前，张某还管这些同事叫"哥""姐"，他们则称呼他为"小张"，甚至连小张现在的女朋友都是其中一位女性同事给介绍的。可是现在，同事们见了他都叫"张经理"，虽然这是正常现象，但张某总感觉有些别扭，他总是回应说："大家还是称呼我小张吧，咱们还像从前那样就好了。"

　　张某觉得自己的做法是对的，这样可以显得自己没有架子，"平易近人"，能够赢得同事的好感，从而让工作更容易进行下去。然而，事与愿违。他现在的角色变了，可跟旧下属的相处方式却没有随之改变。在那些下属看来，似乎一切都和从前一样，唯一不同的是，现在的部门没有"真正的领导"了。

日子久了，大家的心态都发生了一些变化。张某发现，自己根本没办法在部门里建立真正的"权威"，这直接导致任务执行不下去，开会讨论不出结果，有时下属甚至还跟他讨价还价……这样的状态形成之后，张某再想扭转，发现异常困难。当他一直无法有效地管理自己的团队时，上司便开始质疑他的能力，这让张某的处境很尴尬。

最后，在做了几个月的中层领导后，张某主动选择了离开。

新官上任后，要立刻管理旧同事，不少人都有过和张某类似的经历。在同一个团队里工作的人，本来大家的身份、地位等各方面都是平等的。突然间，其中的一个人被提升了，团队本身的"平衡状态"就被打破了。

对新中层来讲，平衡状态被打破未必是一件坏事。只有旧的平衡被打破，才能够建立起新的平衡。真正的问题在于，当角色改变后，相处的模式有没有转变，这才是重点。

当然，不是说新中层上位之后，一定要通过某种手段在旧同事面前"立威""摆谱"，这也是一种极端的手段，不可取。新中层想要改变相处的模式，还有其他可以借鉴的方式。通常来说，需要从以下几个方面入手：

·共事模式从合作转化为支持

新中层上位前，与同事共事的模式是"合作模式"，有事儿大家一起干、一起商量。但是，新中层上位后，要下意识地"避开合作"，意思就是，你不要再像从前一样，和大家做同样的事情。现在，你的位置变了，角色变了，如果你做的事情没变，大家就不会真正意识到你的身份和职位与从前不一样了。

所以，新中层上位之后，对于同事的工作要从合作转变为支持。具体来说就是，要对同事给予方向上的支持、政策上的支持和关键技术的支持，要把自己当成的团队的"保姆"，没有高高在上的姿态，却能无微不至地给予帮助。

·从商量型沟通转化为决断型沟通

新中层上任之后，面对自己的老同事，往往不好意思直接下命令，凡事还是商量着来。其实，这种处理方式是不对的。有些事情可以商量，但有些事情不能商量。在不能商量的事情上，你一定要敢于决断，让对方明白——事情就按我说的办，出了问题我负责。

身为中层的你，如果不能采用决断型沟通的方式与旧同事相处，那么在旧同事眼中，你依然是那个不敢负责任的"一般员工"，这对于你树立权威是很不利的。所以，新中层要敢

于决断，并通过决断来改变旧同事对你的认识，树立自己的
威信。

·工作方式从共赢到激励

同事关系是共赢的关系——大家一起合作做某件事情，做
好了大家都有好处。可是，晋升为新中层后，你不能再以这样
的态度对待旧同事。过去，团队的利益是大家一起争取来的；
现在，你是团队的领导，你在团队中的角色不是"争取利益"
的那个人，而是"分配利益"的那个人。你要通过激励手段，
让那些做得多、做得好的下属获得更多利益。

通过利益的分配，一方面可以体现你的公正性，另一方面
也可以强化你在团队中的领导地位。通过工作方式的转化，可
以让你的位置和角色真正地发生变化，从而脱离以往相处模式
的惯性，真正成为一个团队的带头人。

面对旧同事变成新下属的情况，新中层往往要经历一个不
适应的时期。其实，不仅你不适应，你的下属们也不适应，这
都是很正常的事情。但是，绝不能因为这是正常的，就一直让
自己处在这种不适应的状态中。你要主动做出改变，带动大家
形成新的相处模式，并让大家适应新的模式。要知道，当你的
位置发生变化之后，旧有的相处模式就变成了一座即将关闭
大门的围城；如果你不能及时地走出这座围城，就会被困在其
中，无法踏入新的领地。

如何领导"野心家"下属

每个团队里，都少不了"野心家"。

他们能力强，但是目空一切、不好相处；他们能创造巨大价值，但是不服管，或许会成为团队管理的灾难；你需要用他们"攻城拔寨"，但又必须提防他们"临阵反戈"。

管理"野心家"下属，可能是新中层遇到的一个重大挑战，跨过了这道坎，新中层的管理艺术将更上一层楼。问题是，该如何做好这件事呢？

管理"野心家"下属，先要明白一个道理——平庸的管理者，只能管理能力比自己弱的人；优秀的管理者，则更善于管理能力比自己强的人。

"野心家"员工一定都是有能力的员工，因为"能力＋欲望"才撑得起野心，如果光有欲望没有能力，那叫痴心。正因为此，许多新中层一碰到"野心家"下属，心里就有点犯怵，觉得他能力那么强，甚至比自己还要强，我能管得了他吗？

这是对自己的不自信，也是对自己职业的误解。作为管理者，你所需要的能力和普通员工的能力是不一样的。你需要的是管理能力，普通员工需要的是做好自己事情的能力，两种能力不同，怎么能够放在一起比较呢？

回顾历史，我们会发现一个奇怪的现象：历朝历代的开国君王大都不是所谓"最有本事"的那个人。就拿刘邦来说，论打仗他不如韩信，论搞后勤他不如萧何，论运筹帷幄他不如张良，可如果没有他，就没有大汉王朝。为什么呢？因为，他是那个能把韩信、萧何、张良的能力黏合到一起并发挥出最大作用的人。

所以，在面对"野心家"下属的时候，中层一定要明白自己的职责所在以及优势所在。

首先，我们是那个能带领大家把事情做好的人。"野心家"下属虽然能把事情做好，但他仅仅是把自己的事情做好了。大部分"野心家"下属都是短视的，他们只考虑自己的利益，想着能否发挥自己的能力，但缺乏对大趋势的判断，更缺乏统领一个团队的凝聚力。

其次，我们是那个能够充分认识到每个员工长处的人，能够调动每个人的最大潜能。"野心家"下属有个毛病，就是唯我独尊。一个人如果太自傲，就往往有些目空一切、目中无人，这样的人难以成为好的管理者，更无法真正挑战管理者的权威，因为他"不得人心"。

最后，也是最重要、最直白的一点，我们是名正言顺的管理者，"野心家"下属再有野心、再有能力，也是处在一个被管理者的位置上。所以，要相信自己能够掌握团队，包括"野心家"下属。这一点非常重要，如果一个管理者不相信自己，他的气场就会显得很弱，信心也会动摇，很难真正让下属信服。

　　明确了自身的优势之后，我们还要在执行层面来不断巩固自己在团队中的位置，从而让充满野心的下属们"收心"，踏踏实实地成为团队的一分子，为集体的利益出力。想让"野心家"下属高度服从，中层管理者一定要做好两件重要的事情——引领与开源。

·引领——不是行路的人，却是最好的指路人

　　作为中层，你要深刻地明白一件事，你的主要责任在于指引方向、监督执行。当团队遇到问题纠结不前时，你是那个带领大家走出困境的人；当某些事情需要承担风险的时候，你是那个站出来承担责任的人。

　　很多中层之所以不能让"野心家"下属信服，是因为他们总在细枝末节的事情上与"野心家们"产生纠纷，比如，"这件事情你要按我的方法做""这个文件你要这么写"……当中层在这些问题上与下属纠缠的时候，无论最后到底谁对谁错，下属都会觉得："他比我也强不了多少""我为什么要事事都听他的，都按他说的做？"

　　中层之所以会有这样的做法，是因为把自己的定位弄错了。你要做的事情，不是让每个人按照你的方法工作，而是让他们按照你制定的目标前进。

当你用某种具体的方法去要求下属的时候，下属非但不觉得你水平高、能力强，反而会觉得你根本不是一个真正的领导。换一种方式，当你用结果去衡量他们时，实现了目标就是好结果，没有实现目标就是坏结果，是非对错一目了然，在事实面前所有人都心悦诚服。

在这一点上，任正非值得所有管理者学习。

众所周知，华为是国际一流的通信巨头。在华为公司，有无数的技术精英、管理精英，其中肯定不乏"野心家"。任正非自己是搞工程出身的，在通信技术领域并不是专家，且他手中只掌握着华为 1% 左右的股份。

看到这里，很多人都会问：任正非凭什么能够掌管华为几十年之久不动摇？

答案有很多，但最重要的一个原因是：任正非虽不是行路的人，却是那个最好的指路人。在他的引领下，华为数以万计的工程师、科学家、行政人员、管理精英都能够按照正确的道路不断前行。历史也一次次地证明，任正非所指引的方向都是正确的。如此一来，任正非作为一个高明的指路人，自然就成了华为最不可或缺、最有权威的人物。

所以，中层在面对"野心家"下属的时候，最好的树立权威的方法，不是在他所擅长的领域压倒他，而是充分发挥自己的职能，做好管理工作，引领团队不断向前，赢得所有人的信服与尊重。

·开源——为团队争取更大的平台、更好的机会

中层除了要发挥出引领作用，还要发挥好"开源"的作用。

所谓开源，就是为自己的团队争取更好的机会，更大的平台。一个团队犹如一个餐馆，员工就是餐馆里的厨师。无论多厉害的厨师，也不是想做什么菜就能做什么菜，即便他厨艺很高，如果没有材料，也不可能做出一桌满汉全席。中层管理者，就是那个提供材料的人。

身为中层，你要担起两方面的职责，一是要能组织自己的下属完成任务，二是能够为下属争取到更多优质的任务。唯有如此，下属才能获得更好的机会、更大的平台，发挥他们的能力，并收获相应的报酬。

只要你能够做到这些，整个团队都会紧密地围绕在你周围。当那些"野心家"下属通过你的开源，获得了更多展示自己能力、赢得荣誉的机会，他们自然会对你心悦诚服。

或许人们的一切问题，都是思维方式与自然运行方式之间的差距

Chapter/05　中层强，团队强

集体智慧就是团队创造力

很多人说，一个人是条龙，一群人就成了虫。为什么？最重要的原因就是，在很多情况下，单兵作业更能激发人的创造力，而在集体行动中，人群似乎都变成了"羊群"，只会听命行事，丧失了主观能动性，失去了创造力，也失去了拥抱更大成功的可能性。

对中层而言，管理好一个个员工，就可以初步拥有一个合格的团队。然而，这样做就够了吗？想成为出色的中层，把工作做得更好，还需要开发出团队的"集体智慧"。那么，如何在团队中激发创造力呢？或者说，怎样使团队更具创造力？这是困扰很多中层的难题。

回想一下，你是不是也遇到这样的情况：

单独询问手下的员工某些问题时，发现人人都很有想法，有时见解还很深刻。可在召开集体大会的时候，却发现他们都变成了"徐庶进曹营"——一言不发，所有的灵感和见解都消失了。

安排某个员工去执行一项任务，他可以很好地达成目标。可如果这项任务的工作量增加了 10 倍，你派了 10 个人去一起协作完成任务，所有人都会显得手忙脚乱、相互掣肘，最后的结果是，得需要 15 个人才能完成任务。

在团队合作中，之所以会产生"1 + 1 < 2"的现象，是因为个人的创造力和主观能动性被削弱了，团队的战斗力因此大打折扣。

那么，如何才能激发团队创造力呢？

作为中层，首先要明白人的创造力是怎么来的？神经科学家研究发现，人接受的新鲜事物越多，其创造力就越丰富。但是，我们的大脑是有"惰性"的，它更倾向于用已知的东西去概括未知的事物。

举个例子：你给一个老年人听说唱音乐，大部分老年人可能会说："这是什么玩意儿？不听！"这样的老年人属于那种不愿意接受新鲜事物的老年人。但是，也有一部分老年人不是这样，他们会听，但也会总结道："嗨，这不就是绕口令吗？"这就是在用已知的东西去概括未知的事物。这种思维方式更倾向于在经验中汲取营养，而不是在创造中改造世界。所以，我们会发现，大部分老年人都是缺乏创造力的。

不仅老年人会这样，年轻人的大脑也越来越"懒"。现在，年轻人每天接受的事物和信息实在太多，目不暇接，他们也习惯于用自己的经验或别人总结的经验，去概括自己看到的东西，这就导致了创造力的下降。而且，当他们处在团队中时，往往更不愿意主动思考，每个人都觉得"别人一定能想到更好的办法，我不用绞尽脑汁琢磨"，当大家都这样想的时候，团队的创造力就泯灭了。

科学家认为，只有通过"迫使"大脑对信息重新分类，并超越习惯的思维模式，才能恢复创造力，才能在工作中找到真正新颖的替代方案。所以，作为中层领导，一定要引导甚至是强迫自己的下属不断地跳出思维的舒适区，让他们重新对新事物充满好奇，鼓起改造周遭环境的勇气。那么，具体该怎么做呢？

·设计更多的体验活动，把团队"推"到陌生的环境里

多数时候，大部分人的工作变化并不大。在日复一日的机械化工作中，团队的创造力很容易丧失。作为中层，既要培养下属"耐得住寂寞"的工作状态，也要给下属制造一些不一样的团队感受。你可以找到一个合适的时间，带领大家走出办公室，组织一些大家都愿意参加的、形式新颖的团建活动。

在活动中，员工会以平时不常见的方式进行交流、沟通和

合作，大家也更放得开、聊得欢。如此一来，既能够活跃员工
的思维，也有助于打破团队中的沟通障碍，让团队的心理沟通
更加灵动，增加团队的创造力。

除了"娱乐化"的团建之外，也可以打破传统的工作方式，
搞一些"工作化"的团建。

例如，你可以组织下属集体到网络上收集竞争对手的情
报，搞一次"情报汇总大会"；或者开一场"头脑风暴"的会议，
大家只管把自己的想法说出来，不必计较是否可行，哪怕是天
马行空、不着边际的想法，也可以放到这场会议上来说。

也许，一两场这样的会议不会产生什么直观的效果，看起
来就像是在一起"胡扯"，可坚持的时间长了，大家的思路都
打开以后，不但能够提高团队的创造力，还可能从中获得一些
以前没有想到过的好点子。

·包容员工的奇怪想法，保护团队的想象力

想要提高团队的创造力，作为中层领导，一定不能打压团
队的想象力。

很多缺乏想象力的团队都有一个这样的领导——不能包容
下属的"奇怪想法"，总是喜欢说："你这种方案没有可行性，
以后不要说了""这叫什么办法？亏你想得出来！"在这种环
境下，员工在发言时会逐渐畏首畏尾，有时候就算真有想法，
也因为害怕遭到批评而不敢说出来。结果，他们就更倾向于说

一些"正确的废话"，导致团队丧失创造力。

作为中层管理者，要有容人之量，哪怕下属的某些想法不成熟、不可行，也不要一棒子打死。即便是不能采纳，也要鼓励员工去思考问题，主动寻找解决困难的办法。

·中层要跳出舒适区，加强自身的创造力

想要提升团队的创造力，仅靠员工是不够的，中层也要加强自身的创造力培养。如果你是一个墨守成规、待在舒适区里不愿意出来的中层，那么下属自然有样学样，不愿意冒险创新，更不愿承担为创新而导致的负面后果。久而久之，团队的创造力就完全丧失了。

总而言之，中层要明白，团队的创造力并不是一个定量。把一群富有创造力的人放在一个刻板的团队中，时间久了，整个团队也会变得死气沉沉。相反，如果团队文化总是在鼓励每个人去创新、去创造，那么就算是一群普通人，也会逐渐成为一个很有创造力的团队。

"90后"怎么管？是个大问题！

现在的工作团队，"90后"逐渐成为其中的重要组成部分。由于"90后"成长的环境和对生活的态度与"70后"、"80后"

大不相同，所以他们对于工作的认识也不一样。有些中层为此倍感苦恼，逢人便说："'90后'不好管啊！不提醒吧，他们简直无法无天；稍微批评两句，他们瞬间就像点燃了的火药桶……真是头疼。"

年轻人不服管，其实是很正常的现象，往前推十年二十年，当"80后"、"70后"刚刚走上工作岗位的时候，当时的中层领导们也会遇到这样的情况。只不过，在现在的大环境中，很多"90后"的确要比他们的前辈们更加桀骜不驯、更加我行我素，更加不好管理。

面对新的员工、新的管理问题，很多管理人员都在想新的办法。最典型的例子就是网易游戏工作室改进推行的"积分制管理"。

所谓积分制管理，其核心就是积分激励制度。顾名思义，员工通过工作获得积分，公司按照员工的累计积分给员工发放奖金和福利，实质是按劳分配、多劳多得的团队激励逻辑。

积分制管理法则最初是著名企业家陈天桥提出来的。陈天桥认为，新一代的年轻人是在"游戏时代"成长起来的一批人，他们的思维模式和行为逻辑深受电子游戏的影响。所以，如果能把工作也变成一种游戏，就会极大地刺激年轻人的工作热情。

电子游戏最显著的特点是什么呢？其实，就是积分制。在电子游戏中，你完成了一个任务，就会获得相应的分数，分数决定了玩家的等级、装备、战斗力等特性。年轻人热衷于在游戏中追求分数，为了获得更高的分数，他们愿意付出更多的努力和精力。

基于此，陈天桥把这套积分制度用到了管理上。他制定了一套激励的标准——日常上班可以获得一个基础积分，完成特定的任务也会获得积分，任务的难度越高，获得的分数就越高。更为关键的是，在传统的管理法则中，是上司指派固定的任务给固定的人。可在陈天桥的这套管理法则中，是员工主动去"认领"任务——他可以选择简单的、用时比较少的任务，通过多次完成任务来得到更高分数；也可以选择难度高、分值比较大的任务，完成一个任务相当于别人完成了很多任务。这和年轻人打游戏的规则是非常相似的。

陈天桥的这套管理法则在当时起到了非常好的效果。后来，网易公司效仿，也引入了积分制管理。网易是一家大型的网络公司，属下员工数以万计。他们在使用了积分制管理之后，确实尝到了一些甜头，但也吃下了许多意想不到的苦头。

每一个任务都有一个相应的积分，简单的任务积分低，困难的任务积分高。这看起来似乎很公平合理，但问题是，很多时候，管理者认为的简单任务对于员工来说并不简单，管理者认为困难的任务，对于某些员工来讲又不算特别难。

由于很难保证每一个任务的积分都是合理的，就出现了这样的结果：许多看起来简单、分值比较低的任务，员工们做起来却很困难，因而没有人愿意"认领"这些任务，导致公司里许多具体的事情没有人愿意去做，影响到了公司的正常运作。

意识到这个问题后，网易公司就对积分制进行了大量的改良，其中最重要的一个改变就是，将积分制的选择范围缩小到每一个小团队里。过去，公司的员工可以在全公司范围内领取任务，但现在不行了，每个员工只能领取自己团队中的任务，而团队任务则由中层向高层领取。通过加强中层的作用，既保留了积分制的优越性，又避免了积分制在大公司里"水土不服"的弊端。

借助这个实际案例，我们可以总结出两点启示：

第一，管理"新"员工，要勇于开发新办法。

第二，作为管理的第一线，企业中层在管理"90后"员工时发挥着巨大的作用。高层是负责制定大规划的，不管员工是几零后，他们的目标都不会变；而如何采用不同的方法、组织不同的员工完成既定的目标，这项最重要也最沉重的任务，就落在了中层管理者身上。

作为中层，在管理"90后"员工的时候，首先应该做的就是向陈天桥等管理前辈学习，学习"顺势而为、随时而变"的管理理念，不能抱着一种管理方法不放，故步自封、不知变通，逐渐变得迂腐而固执。此外，我们还要掌握管理90后员工的三个重要理念：

·第一个理念——去标签化

我们都知道，"90后"员工的性格与"70后"、"80后"

具有不同的特征，但千万不能因此将"90后""标签化"。毕竟，我们管理的是一个个具体的人，而不是全部的"90后"群体。

在管理的过程中，尽量不要说"你们'90后'就是浮躁""你们'90后'都太叛逆"之类的语言。这样的话，非但没有什么正面积极的作用，反而会给员工一种心理暗示："哦，原来在他心目中，我们'90后'都是这样的……所以，浮躁、叛逆都在他的预计之中。"一旦员工有了这样的想法，他们就很容易朝着负面的方向发展了。

中层管理者千万要记住，你可以用某些词语来概括某一群人，但不能认为这一群人里的每一个人都是你所想象得那样。不要有偏见，不要贴标签，本身就是一种尊重。

·第二个理念——化曲为直

有些中层把隐晦、暗示等说话方式当成有水平的表现。可在这个效率为王、"90后"逐渐成为员工主力大军的时代，这种方式有点不合时宜了。换一种方式，有话直说，化曲为直，反而更合这些员工的胃口。只要你说得有道理，他们肯定是服从的。

·第三个理念——做好示范

如今的"90后"非常喜欢观察。具体来说就是，他们不仅关注自己所做的事情，还喜欢观察领导在做什么，并在内心暗自思量——他所做的，我能做吗？

这是一种挑战权威的意识，中层可以利用他们的这种意识，通过良好的示范，让"90后"员工对自己信服。就拿最基本的考勤制度来说，作为中层，你一定要比任何人在这方面都做得好，如此才能更好地规范你的员工。如果有一天，他们发现你是团队中最不把考勤制度当回事儿的人，那你再想正向管理这些"90后"，就非常困难了。个中道理很容易解释，他们会想——"你自己都做不到，凭什么要求我？"

中层始终要记住，不少"90后"虽然有任性的不足，但"90后"的责任感以及正义感是很强烈的，在公司里看到了正能量，他们就会全身心地回报公司，这是他们的优点。而且，中层还要明白，生活在物质富足的环境中，自信、开朗、乐观、有想象力、有颠覆精神的"90后"的潜能是不可限量的。他们在未来会有什么样的成就，与中层今天的言传身教有很大关系。从这个角度来说，培养"90后"一代的人才，中层责任重大！

学不会授权，你就自己干到死

中层每天要花多久的时间工作？是不是工作的时间越长越好？这是我们要思考的问题。

H 是某大企业的中层管理者，他最大的一个特点就是"全天候"工作。每天，他都是来单位最早、离开最晚的那个人，而且在单位里，他一刻也不得闲，总是在忙着开会、交际应酬，忙着计划、协调、控制、指挥部下工作，恨不得一天有 48 个小时可以工作。

奇怪的是，H 这么努力，带领的团队业绩却一直表现平平。一开始，人们都觉得可能是 H 的下属过于平庸了，以至于连如此勤奋的领导都"带不动"。

单位高层领导也这样认为，为了突破瓶颈，特意指派了几个能力很强的人补充到 H 的团队中。随后，更加奇怪的事情发生了。这些能力很强的员工来到 H 的团队之后，不知怎么回事，逐渐产生了两种变化：

·第一种：从优秀变得平庸

这些人来到 H 的团队几个月之后，似乎像变了一个人似的，丧失了对工作的激情和创造力。原来非常优秀的员工，逐渐变得平庸起来。

·第二种：从平和变得暴躁

这些人在以往的团队中表现很好，性格稳定、言谈得体，可来到 H 的团队之后，似乎瞬间变成了"刺头"，总是跟自己的领导产生矛盾冲突。

高层不明白为什么会这样，于是，分别叫来两位员工，询问到底发生了什么。

第一位员工，是从优秀变得平庸的那类人。

高层问他："你最近在工作上的表现好像没有从前突出了，能说说是怎么回事吗？是不适应新的团队环境吗？"这位员工想了想，说："也没有感觉不适应，可能是因为我的直管领导太能干了，我们其他人只要各司其职，按照他说的做就行了。"

第二位员工，属于从平和变得暴躁的那类人。

高层对他说："你最近的情绪怎么搞的？总是那么暴躁。"这位员工本来就一肚子火，现在终于可以发一发牢骚了，他说："您还是让我回到原来的团队里去吧。"

高层问："为什么？你的适应能力不是一直很强吗？"

这位员工说："我能适应恶劣的环境，但不能适应现在的领导。"高层问："怎么了？H也是一个非常能干的人啊。"员工说："没错，他非常能干。可是当年的商纣王和隋炀帝也都是很有能力的人，但这也掩盖不了他们是暴君的本质！H就是一个暴君，他独断专行，下属根本就没有任何的自主权，只能一切都按他说的做。他好大喜功，把所有的功劳都自己一个人揽走了，他的下属都是傀儡，没有任何发挥自己能力的机会。"

听了两位员工的话，高层终于明白，H这么勤奋、这么努力，但他的团队却始终表现平平的原因了——H虽然是管理者，但他只会自己单打独斗，无法真正挖掘出团队的力量，归根结底，是因为他不愿或者说不会"分权"。

真正优秀的管理者，绝对不是那种大权独揽、凡事亲力亲为的人。

新希望集团董事长刘永好曾说，他其实并没有想象中那么忙，"三分之一时间打理集团业务，三分之一周游列国，三分之一与同行、专家聚会"，这就是刘永好的生活日常。他还说，自己哪怕离开公司一个月，不过问公司的任何事情，自己的团队也可以很顺畅地运行下去。这不是因为刘永好成了董事长就可以不忙，而是他懂得放权，让优秀的人管理公司。

其实，在刘永好明白这个道理之前，他比 H 还要忙。

那个时候，刘永好是企业界知名的"劳模"，几乎一刻不得闲，把自己所有的精力都用在了工作上。但后来刘永好发现，自己忙来忙去，收效甚微。于是，他认真学习了关于"授权"的管理学理论，并将理论运用到了实际中，成功地转型成为一名"甩手掌柜"，而他的公司并未因此停步不前，反而获得了更大的发展。

肯·默雷尔在《有效授权》一书中，这样定义授权："授权，是对权力进行一种创造性的分配，是对责任的分担。"何为创造性的分配？简单来说就是，通过权力的下放和分配，让管理者与被管理者之间形成一种良性的互动关系。

有些中层也想授权，但他们往往很粗暴地将手中的权力和义务交给一个他们自认为信得过的人，然后就心安理得地坐等结果。如果授权真的这么简单，就不会有那么多管理者不会授权了！想要做到创造性地分配权力，需要循序渐进、有步骤有方法地进行授权。

·授权不能太过直接，要讲究权力的转移

如果你觉得某个下属有能力独立执行某项权力，记得不要直接授权给他。先选择一项可以相互配合的工作，你们两个一起去完成。在完成工作的过程中，对他进行培训、考察，逐渐让他承担更多的责任，而后再赋予他相应的权力。

·授权之前，让授权的对象制订详细的工作计划

有些中层一股脑地把权力给了某个下属，而被授权的这个人心里也"没谱儿"，顿时就慌了。所以，最好的办法应该是，在授权之前，先让他制定一份完整的工作计划。这既是一种暗示，让他有所准备，也是一种考验，判断他是否具备承担这份权力的能力。

·在计划赶不上变化时，让被授权人自主决策

很多中层授权之后总感觉有点"不放心"，尤其是在情况有变的时候，更是加剧了他们的焦虑。但是你要明白，授权最大的意义就在于，你希望有个人可以在关键时刻为你分忧解难，如果你不能培养被授权人的这种能力，那么授权还有什么意义呢？所以当情况有变的时候，你一方面要紧密地关注情况

的变化，而另一方面，也不要有点风吹草动就从幕后"杀了出来"，试图收回权力，自己来改变局面。不妨多一些耐心，去看看授权的对象是否有能力独立解决问题。

走动式管理，应该怎么"走"？

有人认为，中层管理者就是坐办公室的，把中层想象成稳坐中军帐、谈笑间樯橹灰飞烟灭的人物。其实，这是一种严重的误解。现实的情况是，中层更要强调"走动式管理"。

实践是检验真理的唯一标准。如果不走动，又哪里来得实践呢？要求中层管理者采用走动式管理，是因为勤于走动才能充分地融入团队，并更好地管理团队。

阿曼西奥·奥特加，是西班牙时装品牌 Zara 的创始人，身价 670 亿美元，一度位列全球富豪第二名，还曾经以 795 亿美元的身价超越了比尔·盖茨，问鼎全球首富宝座。

奥特加出生于西班牙西北部的加利西亚地区，那里曾经是西班牙最为贫困的地区。1975 年，奥特加在加利西亚的拉科鲁尼亚开了一家名为 Zara 的服装小店。在他的打理下，这家小店逐渐发展成为全球最知名的服装品牌之一。而奥特加在管理方面的传奇故事，也被哈佛、沃顿以及西班牙的 IESE 商学院等知名商学院列为经典案例加以分析。

　　奥特加行事非常低调，从不接受媒体的采访。在1999年之前，外界大多数人甚至都不知道他长什么样，因为他的照片从来没有在任何一家媒体上刊登过。直至2001年公司上市后，由于要对外公布企业年报，奥特加才无奈地对外发布了他的第一张正式官方肖像。

　　奥特加的身边从不带保镖，总是以一身的休闲西装亮相，且这位世界级的大富翁所乘坐的座驾，只是一辆售价不到3万美元折合人民币不到20万元的普通家用车。

　　尽管对外低调，但在自己的企业里，奥特加可一点儿都不低调，员工经常会在企业的各个地方发现他的身影。80岁之后，奥特加虽已经退居二线，可还是每天都会出现在集团公司的总部，且经常在公司各部门或工厂车间穿梭，或是捕捉服装设计制作流程中的每一个细节，或是与手下年轻的设计师闲聊"侃大山"。为此，有人称他为"没有办公室的老板"。

　　想想看，这个曾经的世界首富，在管理的过程中都要经常走进基层，了解第一线的情况。作为中层管理者，又如何能认为坐在办公室里就可以"指点江山"呢？只有动起来，通过不断地走访，才能加强自己对于团队的全面认识。

　　不过，中层们也要记住，走动式管理绝不能走马观花，也不是在走动中发现了一点问题就现场抓住不放，更不能在走动中越级指挥、越级管理。要知道，走动管理是一门艺术，讲究方式方法、时机与因地制宜。

总体来说，中层在执行走动式管理的时候，要注意四个要点：

·第一个要点——有计划地走动

所谓走动式管理，不是盲目地走、瞎走，而是要有计划地走、正确地走。

中层每天的工作都很忙，这就要求，你做任何一件事情都应该是有计划、有目的的，绝不能是盲目的、无序的。所以，在走动之前，你要知道团队最近出了什么问题，你需要了解哪些方面的问题，通过什么方法才能了解到问题的本质。

·第二个要点——深入现场，不干涉正常的工作秩序

有些中层管理者下基层，如同皇帝巡游，恨不得锣鼓开道。更有甚者，还做出了具体的规定——在和员工讲话的时候，员工一定要站起来说话。如此做派，不是下基层，而是惊扰基层。作为中层领导，一来没有必要端架子摆谱，二来要讲求实效，把工作效率放到第一位，千万不能所到之处一地鸡毛，那样既疏远了员工，也不可能深入地了解问题。

·第三个要点——认真思考，切记草率答复和现场指挥

中层领导在深入基层时，自然会有员工提出各种各样的问题。对于这些问题，一定要认真思考，千万不能心不在焉、不当回事。如果你对员工提出的问题充耳不闻，下次再想了解问

题，员工就不会愿意再讲了。更重要的一点是，不要草率答复员工，要深思熟虑、要全面考虑。更不要在现场指挥员工怎么做，那样只会让员工心生反感，影响自己在团队中的形象。

·第四个要点——走访过后总结分析，集中解决问题

走访不是目的，而是手段。不是说你走了一圈，就是在实践走动管理，你要带着问题走，带着问题回来。走访结束之后，要总结所见所闻，分析自己所看到的问题。然后，将相关信息传达给相关责任人或责任小组，针对问题给出解决方案。

中层还应该明白，走动管理不仅局限于内部的走动，我们还要走出去，去学习、去考察、去借鉴。中层最忌讳故步自封，一定要多走、多看，在走动中思考，在实践中总结，在学习中进步。

走动式管理，既是中层了解自己团队真实状况的一面镜子，也是中层发现更大天地的有效手段。特别是身处规模较大的企业里，每一个中层都不应该把自己禁锢在办公室里闭门造车，一定要实施走动式管理，让自己的团队走上良性发展的通道。

集体行为和情绪可以管理吗？

把五只猴子关进同一个笼子，笼子里有一串香蕉，只要有

哪个猴子敢碰香蕉，立刻就有一股凉水冲进笼子里，所有的猴子都会受到惩罚。

第一只猴子去拿香蕉，引来了凉水。

第二只猴子去拿香蕉，引来了凉水。

五只猴子都试着去拿香蕉，结果都是被凉水浇了一头。

猴子们发现，香蕉是绝对不能碰的，否则就会受到惩罚。

这时候，放进去一只新猴子。新猴子看见香蕉自然想要去拿，可当它正打算有所行动的时候，其他五只猴子立刻就冲了上来，将其暴打一顿。

后来，每过一段时间都会放走笼子里的一只猴子，然后找一只新猴子填补它的空缺。每只猴子刚来的时候都会想要拿香蕉，而这个时候，其他猴子就会冲上来把它打一顿。

一段时间后，最初被凉水浇过的猴子都离开了。笼子里虽然还有六只猴子，但这六只猴子都不知道拿到香蕉就会被凉水浇头这件事，它们只知道，想要拿香蕉就会被打，就应该被打。此时，香蕉和凉水之间已经没有联系了，可依然没有一只猴子敢去拿香蕉。

这个故事生动地阐释了一个道理——集体的行为和情绪其实是可以被管理的。当一个团队形成了某种文化后，后来者虽然不知道这种文化到底是怎么形成的、有什么用，但他还是会遵守这种文化。

当然，猴子笼里的团队文化是扼杀自主意识的文化，是不可取的。可既然"坏的文化"都可以得到传承，那么反之，好的文化也可以得到传承。中层只要管理得当，就能够让自己的团队中形成良好的氛围，并且可以源源不断地传递下去。

树立企业文化，有一个基本的原则——种瓜得瓜、种豆得豆。想要树立积极的企业文化，就要用积极的制度和管理。

潮宏基珠宝是国内著名的珠宝加工商。在这个行业里，首饰加工的技术人员是宝贵的人力资源，但由于技工们常年与黄金珠宝打交道，有的人就会有些错误的想法滋生出来。所以，很多珠宝加工企业都面临着贵重的黄金珠宝被盗的风险。于是，这些企业就采取了监狱般的管理手段——企业内监控摄像头数不胜数，技工进出厂门的时候都要遭到严苛的盘查。可即便如此，珠宝被盗的事情，在企业中还是时有发生。

潮宏基珠宝和其他的同行不一样，在它的加工厂房里人们根本看不到任何监控的设备，加工师傅们井然有序、一丝不苟地辛勤工作，每个人都心无旁骛。这样的景象与其他加工企业简直是云泥之别。

为什么潮宏基珠宝和其他同行有如此大的不同呢？从根本上讲，它的管理理念就和其他企业不一样。其他企业总认为，财帛动人心，所以严加防范。可潮宏基珠宝却始终认为，人性本善，只要企业给予尊重和关怀以及高于区域同业的工资和福利，那么员工是不会动歪心思的。

事实也的确如此，很多业内知名的珠宝师傅得知潮宏基珠宝的管理方式后，纷纷前来求职，且该企业中工人渎职、私藏的现象很少发生。一位在潮宏基珠宝工作的高级珠宝师说："我来这里工作主要有两个原因：第一，他们不把我们当贼，我可以堂堂正正地做人；第二，这里的待遇好、名声好，所有人都以能够进入这里工作为荣。所以，我更加不会因为蝇头小利而动歪心思。"

这就是塑造企业文化的一个典型范例——你以什么样的方式对待自己的团队，团队就会用什么方式回馈你。"君以国士待我，我必以国士报之"，阐述的就是这个道理。

现实的中层管理也是如此，一个中层如果整天用暴躁的态度对待自己的团队成员，用不了多久你就会发现，整个团队都变得暴躁起来。中层用高压政策对待团队，这个团队一定会死气沉沉、毫无生机。所以，在树立团队文化的时候，一定要从自身出发，引领正确的价值观、营造积极的团队氛围、创造优越的工作环境。

谷歌的团队文化是全球公司学习的榜样，那么，他们的文化是怎样形成的呢？

其实，谷歌的团队文化是一个正面、积极的细节汇聚而成的。为了打造富有创造力的企业文化，谷歌在企业内部实行"三化"管理。

首先，办公环境亲人化。在谷歌，办公楼里随处都可以找到健身设施、按摩椅、台球桌、帐篷等有趣的东西，且员工可以任意改造自己的办公室，彰显自己的个性。

其次，时间自由化。谷歌公司规定，每位工程师拥有 20% 的自由支配时间。这样的规定给了员工极好的自由体验，这也成就了谷歌自由想象、富有创造力的企业文化。

再次，沟通扁平化。谷歌公司强调人人平等，管理者最重要的角色是服务者，而工程师们则受到了极大的尊重。谷歌公司规定，每个人距离总裁的级别都不能超过 3 级，这让员工感觉自己是很重要的人物，因此愿意为公司殚精竭虑、倾其所有。

谷歌的公司文化当然不可能适用于每一个企业，但是，它打造企业文化的三种方法却值得每一个中层借鉴。我们将这三种方法做一个概括总结，大致就是：

·打造良好的客观环境

有时候，中层可能忽略了客观环境的重要性。要知道，客观环境能够给人带来相应的心理暗示，让人的情绪朝着某一个方向发展。

我们的企业也许不像谷歌那般财大气粗，能够花大价钱改造自己的办公环境，但我们同样可以用一些其他的方法，来让团队的办公环境更加"亲人化"。比如，可以动员下属种一些绿植，或者搞一些有创意的装饰等。

最重要的是，中层要有一颗宽容的心。有些中层看见员工桌子上摆了一个奇奇怪怪的毛绒玩具，就过去唠叨："你摆这东西干什么？和我们的整个环境都不协调！"如此中层，怎么可能营造出一个良好的办公环境呢？

·尽量给员工更多的自由

有些企业或者说管理者恨不得"榨干"员工的所有时间。这样的做法看似提高了效率，但时间长了，员工就变成了机器，失去了创造力和主观能动性，实则是降低了整体的工作效率。所以，在可能的范围内，不妨尽量多给员工一些自由，打造相对宽容的企业文化，这样更有助于激发员工的潜能。

·尽量减少沟通环节

中层要知道，沟通的环节越少，你的思想、策略才能更真实地传递给基层的员工。如果沟通的环节太多，即便你想要传递某个价值观，到了基层可能也早就"走形"了。打造企业文化的努力，也会因此事倍功半。

或许，解放了自己，
才能解放事物和也们之间的联系

Chapter/06　中层何苦为难中层

中层内耗是最大的威胁

纵观在商海沉浮中失败的企业，有很大一部分不是被外部势力打败的，而是自己的内部出了问题，最终招致了失败。而内部的问题，最为严重的恐怕就是"内耗"，说得再具体一点，恰恰是来自中层的内耗。

凤凰财经曾经报道过这样一则新闻：

某大型企业负债率连续三年超过 90%，并且还欠着银行数百亿贷款，随时都有倒闭的风险。业内相关知情人士在总结这家企业的失败原因时说，中层内耗是最为显著的一个因素。

这家大型企业的规模非常大，集团公司旗下共有子公司 60 多家，境内 50 家，境外 10 多家。这么大的一个企业，内部的中层管理者大都是跟着总公司一路成长起来的"老员工"。后来，集团公司来了一位新的老总，在他的带领下，公司的业绩一路突飞猛进，资产规模从 200 多亿元膨胀到了 1800 多亿元，6 年增长了 8 倍。

这位新总裁在企业内部的威望也因此达到了巅峰，为了加强自己对企业的管理力度，他提拔了一些新的中层干部。就这样，这家大型企业里出现了两个截然不同的"派系"——跟着总公司一路升迁上来的"老中层"和新老总提拔上来的"新中层"。

"老中层"和"新中层"之间展开了激烈的权力争夺，极大地影响了员工的执行力，导致公司的许多政策到了下面根本无法落实。就这样，一家发展迅猛的企业瞬间变得混乱不堪，在很长一段时间里都没能恢复元气。

现实中还有不少与之相似的案例，它们都揭示了一个同样的道理：企业中层陷入内耗是企业最大的危机，而且没有哪一个中层能够在内耗中真正获益，结果就是"鱼死网破"。更糟糕的是，如果中层之间分歧很大，彼此关系紧张甚至矛盾激化，这样的局面持续下去，还会给企业造成一系列的负面影响。

·负面影响1：企业内部气氛紧张

高层之间意见不统一、有分歧，通常不会被基层员工所察觉，企业的整体氛围也不会受到太大的影响。但是，中层之间如果分歧很大甚至矛盾激化的话，往往就不是个人与个人之间的问题了，而是上升到部门与部门之间的"敌视"，基层员工会被广泛牵涉进来。

如此一来，整个企业都会被阴霾所笼罩。由于部门与部门之间沟通不畅，因业务需要而形成合作的"跨部门非正式组织"就会瓦解，大的集体活动组织不起来，最后导致员工和员工之间的关系紧张、交往减少。与此同时，公司内部也会因为中层的内耗而变得"小道消息"盛行，普通员工无心工作，人心涣散、情绪低落。这一切，对于构建和谐的企业文化都是致命的打击。

·负面影响2：政策无法有效落实

中层是落实高层决策的重要一环，如果中层之间产生内耗，自然就会出现推卸责任、管理混乱的局面。这时，企业高层的决策想要通过中层落实到基层，就会变得非常困难，整个企业都会陷入无秩序的状态中。

·负面影响3：造成两败俱伤的结局

不得不指出，中层在企业中虽然有一定的地位，但重要性并没有达到不可取代的程度。所以，中层之间发生内耗，其实是在消耗自己在企业中的能量，消磨自己在企业中的正面形象。即便最后一方胜出，最多也是惨胜，不可能有真正的胜利者。

那么，中层管理者如何才能避免内耗发生呢？

我们控制不了别人的想法，但可以从自身做起，远离没有意义的争执和冲突。为了做到这一点，中层先要弄清楚：中层内耗是从哪儿来的？

具体来说，大部分中层内耗都是从三种意识中滋生出来的。

·地盘意识

有些中层特别害怕别人插手自己的"地盘"，某些比较极端的中层甚至对其他中层与自己的下属正常对话都会反感。对于地盘意识，我们需要有正确的认识。

首先，作为中层管理者，千万不能把团队当成自己的"自留地"。如果一个中层像雄狮一样守卫自己的"团队边界"，别人稍有逾越立刻就觉得浑身不自在，甚至产生强烈的抵触情绪，这是不可取的，也会显得狭隘、自卑。要学会保持一个相对开放的态度，凡事以大局为重、以公司为重，不要搞军阀割据、占山为王那一套。

其次，中层要认识到，适当的"地盘意识"是正常的。如果有人过度插手自己团队内部的事务，那自然是对方的过错，不妨正大光明地指出来。同时，也要注意自己的言行，尽量不主动干预其他团队的内部事务。有些中层为人比较直爽，说话大大咧咧，看到其他团队的成员有什么做得不对的地方，总是忍不住要当面指出来。这是不合适的，即便你要表达自己的想法，也不要和对方的基层员工直接对话，而应该和对方的中层领导进行沟通。在沟通时还要注意，尽量"对事不对人"，这样才不会引起对方的猜忌，让对方容易接受。

· 帮派意识

是人就有好恶，是人就有远近亲疏。在同一个单位中，有些同事彼此之间意气相投，所以除了工作关系之外，还发展出了不错的私交；而有些同事之间则可能不那么"来电"，相互之间就是"以公对公"，没有任何私交。

中层也是一样，单位里那么多同级别的同事，有些关系近一些，有些关系远一些，这都是很正常的。但千万要注意一点，不要把私人关系和合作关系混为一谈——关系好的人来找你办事就热情洋溢，关系一般的人来找你就爱答不理，如此心态是万万不可取的。无论私交远近，在公事上尽量要一碗水端平；更不要因为和对方私交一般，就认为彼此之间没办法顺畅交流、正常合作，这都是非常狭隘的帮派意识，是要坚决摒弃的。

· 大我意识

中层要自信，但不能自负，更不能有"天上地下唯我独尊"的心态。

中层之所以能够一步步走到今天的位置，大都是因为本身能力突出、求胜心强、拥有自信，正因如此，很多中层也容易滋生骄傲自满、刚愎自用的毛病。简而言之，就是"大我"意识太强。

中层不仅要防范自己的大我意识太强，甚至还要刻意地树立自己的"小我"意识。因为从本质上讲，中层不仅是管理者，也是服务者，如果只有"大我"而没有"小我"，就可能无法很好地完成服务者的职责。如此中层，是不完善、不健全的。

淡化地盘意识，警惕帮派意识，扭转"大我"意识，是一个中层在企业中树立正面形象、找到正确定位的必要心态。唯有如此，中层才能与其他同事理顺关系、顺畅交流、避免猜忌，从而让企业跳出内耗的怪圈。

中层与中层的相处之道

身为中层管理者，不但要管理自己的团队，还要与其他兄弟团队进行协作、配合。这就要求，中层既要知道如何处理好与下属的关系，也要善于应对与其他中层同事的关系。

想要与其他中层搞好关系，与其费尽心思地投其所好，不如从自己出发，让自己成为那个"同事们都愿意与我相处、合

作的人"。那么，什么样的人才是同事愿意共事的人呢？简单
来说，需要具备以下几个特点：

·具有沟通意识

马克思曾说，交流是人类必然的伴侣。在企业中，大家每
天都要碰见，相处的时间甚至比家人还长。所以，同事之间的
沟通，不仅要准确、高效，还得讲究方式方法，让彼此在沟通
中感到轻松、愉悦。

如何实现轻松愉悦的沟通呢？首先是要坦诚相对，而不是
相互戒备。如果在沟通的过程中不够坦诚、藏着掖着，需要沟
通对象随时揣摩"言下之意"，久而久之，沟通的双方都会感
到疲惫，从而拒绝沟通，影响双方的关系。所以，想要成为其
他同事愿意合作的人，先要树立正确的沟通理念，成为"别人
愿意和你聊天"的那个人。

·具有正直的品行

世界上有形形色色的人，但不管是哪一种人，都愿意与正
直的人交往。

正直的人，偶尔也会与其他人产生矛盾，但他们不会"背
地里动刀子"；正直的人，也会有脾气、有小情绪，但他们不
会记仇，更不会迁怒别人；正直的人，不见得没有半点儿私心，
但他们不会损公肥私、损人利己。

试问：这样的人，谁不愿意和他多打交道呢？

中层也只是普通人，我们不谈要成为多么令人敬畏的君子，但最起码我们要远离小人的行径。不猜忌，不奸诈，不排挤，上交不诌，下交不骄，做一个品行端正的人。如果一个中层以搬弄是非、媚上欺下为"立身之本"，那他迟早有众叛亲离、为人不齿的那一天。

某企业有一位中层，非常善于钻营，对上级阿谀奉承，对下级横眉立目，对待其他中层的同事，更是他求得着你的时候满面堆笑，你用得着他的时候面若冰霜；你春分得意时他口蜜腹剑，你失意潦倒时他落井下石。

最初，企业的领导很喜欢这位中层，因为在领导面前，他总表现出一副"我做什么都是为了企业好、为了领导好"的凛然姿态。可在同事面前，他的嘴脸过于"难看"。所以，企业里的聚会只要有他在，所有人都觉得不痛快，不敢畅所欲言，总觉得身边坐了个"奸细"。

时间久了，领导也逐渐看出了端倪。这位中层，不仅搞得企业里"人神共愤"，还极大地破坏了同事之间的合作氛围。于是，领导也慢慢疏远了他，准备找一个合适的机会，让其他品行端正、能力出色的人替代他的位置。

为什么要强调中层要正直？上述的案例直接告诉了我们答

案：正直不仅是一种美德，更是中层立身处世的长久之道。我们不否认，在某些时候，依靠着一些钻营和小手段能够暂时获得一些好处，但那只能赢在一时，非长远之计。

·要有"利用价值"

职场中有一条亘古不变的真理——最受欢迎的人，永远是那个最有利用价值的人。

不要担心别人接近你是因为你有利用价值，你真正应该担心的是"失去利用的价值"。在工作的过程中，中层不要有"各人自扫门前雪，休管他人瓦上霜"的心态。如果别人请你帮忙，在能力和精力容许的情况下，不妨尽量去满足别人的要求。

另外，也不要害怕付出没有收获，每一次当你被别人"利用"的时候，就相当于你做出了一笔投资。将来你遇到困难的时候，这些投资大部分都是可以收回来的。而且，通过这种人情的往来，你能够与周围的同事建立更加紧密的联系。

·不做"滥好人"

在职场中，想要和其他中层搞好关系，中层自己首先要成为善于沟通、为人正直、乐于助人的"好人"。当然，凡事有度，过犹不及。在做"好人"的同时，不要曲解了"好人"的定义，更不要好人没做成，反而变成了"滥好人"。

所谓"滥好人"，就是没有原则的好人。虽然我们强调要乐于助人，但前提是不影响自己的工作。如果没有这个原则，对所有请求帮忙的人都来者不拒，最后耽误了正事。这就属于"滥好人"了。

为什么"滥好人"付出很多，却不招人待见呢？原因就是：

"滥好人"没有原则，在大是大非面前，没有自己独立的判断，随波逐流、见人说人话见鬼说鬼话，最后只能是人嫌鬼不爱。

"滥好人"没有原则，更容易被蛊惑，立场不坚定、站位不明确，看起来似乎吃得很开、人缘很好，但没有人愿意真正信任他们，也没有人愿意把重要的事情交给他们做。

"滥好人"没有原则，在工作中无法坚持正确的道路，在他们的带领下，团队没有明确的目标，常常见风使舵，因而没有哪个中层愿意和这样的团队合作。

作为中层，虽然要尽量和周围的其他同事搞好关系，但也不要指望能够通过委曲求全、放弃原则来讨好所有的人。没有底线、丧失原则的"滥好人"，表面看起来特别善于人际交往，但那只是表象，他们不会得到真正的尊重和信任，也无法与同事建立长久的紧密合作关系。

反观那些坚持自己的原则和价值观的中层，也许偶尔会得罪同事、得罪领导，但这只是暂时的。正所谓，日久见人心。坚守底线的他们，活得更加真实透彻，也更值得周围人尊重，是一个更赢得信赖和依靠的合作伙伴。

合作与竞争不是绝对的矛盾体

中层之间的关系之所以复杂，是因为中层之间既是合作关系，也有竞争关系。想要同时处理好这两种截然不同的关系，自然不易。但我们也不能就此认为，合作和竞争是不兼容的。事实上，在竞争中合作，在合作中竞争，是最能激发向上精神与个人潜能的一种状态。

很多人认为，竞争就是彻彻底底的敌对关系。比如，在自然界中，狼要吃兔子，所以狼与兔之间经常要展开速度上的竞争，而这种竞争到最后只有一个胜利者，要么是兔子逃出生天，要么是狼把兔子吃了。所以，他们简单地认为，竞争双方就是纯粹的敌对关系。

然而，现代生物学研究发现，狼与兔之间除了看似水火不容的敌对关系，其实在另一个层面上，它们也是合作关系。如果没有狼的话，兔子会在一片草场上无限繁殖，直到草场被完全破坏。这时，所有的兔子都会因为没有了食物来源死去。如果没有兔子的话，狼也很快会全部饿死。

也许，对于一只兔子来说，狼是最可怕的东西；但对于一群兔子来说，"没有狼"反倒是最可怕的事情。自然科学家们将这种现象定义为生态平衡。

实际上，在企业这个大环境里，中层与中层之间也有属于自己的生态平衡。

如果中层之间相互不合作，他们就无法承担规模更大、收益更高的项目，所有人的利益都会受到损害。但如果中层之间只有合作关系，没有竞争的关系，那么所有的中层就会同时丧失向上的动力，大家在一起，即便能够合作，也不会有更多的激情与动力了。这样一来，所有人都会停止进步。

所以，作为中层，既不要逃避合作，也没必要把竞争视为洪水猛兽。要充分挖掘竞争与合作的正面意义，将二者有机地结合到一起，形成推动自己不断前进的动力。

在企业中，有两种中层最容易陷入"竞争与合作"的关系中。

·第一种：相同部门的中层

某企业有三个销售团队，每一个团队都由一位企业中层领导带领。

这三个人的关系非常微妙：一方面，他们都知道，谁能够带领团队做出更好的业绩，谁就有可能获得更上一层楼的机会——成为企业的副总经理。所以，他们之间存在着赤裸裸的竞争关系。另一方面，在某些销售旺季的关键时刻，一个团队无法承担起全部的销售任务，只有三个团队通力合作，才能把企业的销售额推向最高峰。当然，这个时期也是中层的团队与他们个人收益最好的一段时间。所以，为了自己和手下的员工能够获得更高的业绩和收入，他们又不得不展开合作。

在这种竞争与合作的复杂关系里，三个团队的中层领导 A、B、C 也表现出了不同的工作方式。

A 平时带领自己的团队努力争先，很希望自己能够成为公司的副总。可到了合作的时候，他却显得不那么计较个人得失了，遇到那些难度大的、没有人愿意做的任务，他总是第一个顶上去。有吃力不讨好的事情，别人都在尽力回避，他虽然心有不甘，可到了最后关头，还是会带队冲锋。

B 显得更加圆滑，他虽然不拒绝合作，但在合作中不肯吃一点儿亏。每一次合作之前，他都要先和其他两位中层讨价还价一番，尽量把那些代价小、收益高的任务争取到自己手里。所以，他的业绩一直不错。

C 一心带领自己的团队争冠军，甚至有些逃避合作。在他看来，大家在一起做事，成功的好处人人有份，自己也不可能多拿走一分一毫；即便是失败了，也不能把责任都推到自己的身上，大不了黑锅大家一起背。所以，他在团队竞争中一直是最领先的那一个，但在合作中却是最消极的那一个。

三人在同一个单位共事两年之久，副总的人选终于尘埃落定了——A 脱颖而出，成了新的副总。B 和 C 两人自然不满意，特别是 C：明明自己才是"第一"，为什么会被 A 捷足先登？ C 跑到领导那里，一定要问出个缘由。领导对他说了一番话："你带领一个小团队是第一名，但把你放到一个更大的平台上之后，你却是最后一名。我们需要的副总，是一个能够在更大平台上发挥能量、查漏补缺的人。在这一点上，A比你更适合。"

C哑口无言，只能接受这个结果。

相同部门中层间的竞争与合作，就如同案例里领导说的那样，彼此竞争的不仅限于业务能力，还有视野、格局与心态。那个善于合作的人，往往是拥有更大视野、更高格局、更好心态的人。所以，最终的结果往往是，最善于合作的人，在竞争中笑到最后。

·第二种："上下游部门"的中层

什么叫"上下游部门"呢？举个例子：产品研发部与市场拓展部，两者的合作虽然看起来没有那么直接，实则是"焦不离孟，孟不离焦"。如果无视彼此的合作，陷入无谓的竞争，只能是两败俱伤。

我们经常会听到产品研发部的中层说："那些市场拓展部的产品经理，什么技术都不懂，只会臆测用户的需要，提一些根本不可能实现的要求。"而市场拓展部的中层则会说："我们的产品研发部能力太差了，我提了那么简单、那么必要的一个小要求，他们居然说难度太大、不好实现，要他们是干什么用的？"

这种相互诋毁的竞争关系，最不可取。对于两个上下游部门来说，彼此之间要相互理解、深入交流，才能在良性的合作中达到各自业务的成长。如果说，他们之间必须要产生某种竞争关系，也应该是把彼此说服，用事实来"压倒"对方，以此作为竞争的方向，而不应该是各说各话、相互攻讦。

无论是同部门还是上下游部门的中层，都应该对竞争和合作有更深的了解，既不要排斥竞争，也要避免无谓竞争；既不要把合作视为洪水猛兽，也不应该在合作中迷失自己。这才是优秀的中层在企业中的生存之道。

中层人际管理的四个真理

中层想与周围的同事搞好关系，在很多细节方面都需要注意。这些细节数不胜数，很难摘出来逐一分析，但我们可以做一个概括。大体来说，有四个原则是必须遵从的，这可谓一切行为的准则，也可将其称为中层人际管理的四个真理。

·第一个真理：不要用自己的思想去衡量别人的行为

在企业中，我们难免会碰到一些所谓的"奇葩"同事，他们的某些行为令人难以理解。这个时候，我们很容易用自己的想法去猜测别人的行为背后到底有什么用意。实际上，这是非常不明智的。

设计部的中层管理者 S，接到了产品部中层 Q 递过来的一项任务。说是任务，其实只有一张图片，除此之外再无其他。S 想了半天，也不明白这到底是什么意思。于是，他特意打电话问 Q："什么意思？"

听到这四个字，Q 愣了一下，回应道："你什么意思？"

S 解释说："你发一张图片过来，有什么要求？"

Q 没好气地说："你是做设计的，难道就没有一点自己的思路吗？那要你做什么？"

S 瞬间怒火中烧，说话也开始变得难听起来，两个人在电话里大吵了一架。

事后，S 还是怒气难消，他心理暗自想："这个人为什么要刁难我？难道是对我有意见？"他越想越不对，越想越觉得对方是个"奇葩"。自那之后，他看到 Q 就烦，本来应该通力合作的两个人，几乎到了水火不容的地步。

看到这里，你一定也很想知道：事情的真相，到底是怎么回事呢？

很简单，那位产品部的中层 Q 是西北人士，在他们的方言里"什么意思"是一句挑衅意味非常浓的话。所以，当他接起电话听到设计部中层 S 直接问自己"什么意思"的时候，瞬间就不高兴了，因而用词比较尖锐，最终导致了两个人发生口角。

在这件事情中，两位中层都犯了同一个错误，就是用自己的思想去衡量别人的行为。Q 觉得"什么意思"是一句挑衅的话，但他却全然没有想过：也许在别人的文化习惯里，这句话仅仅就是字面意思。S 认为，对方对自己出言不逊，一定是有更深层次的原因，但他也没有意识到，其实是自己的某句话触碰到了对方的"逆鳞"，才让一件小事演变成了两个人旷日持久的矛盾。

在与同事相处时，中层们要明白，虽然我们经常讲要尽量理解别人，但实际上我们永远不可能完全了解一个人。对方的某些想法、文化背景、过往经历，都和我们有差异，所以不能用自己的思想去猜测别人的行为。与其猜测，倒不如有什么想法直接说出来更好。

在职场中，中层一定要明确"群己权界"，意思就是：不要认为别人的想法和自己差不多，别人的处境和自己差不多，这是非常危险的想法。

在企业里，我们经常会听到这样的话："什么？你居然没看过这本书？那么经典你都没看过？"人家就是没有看过，或者想看还没来得及看，这又有什么关系呢？你觉得理所当然的事情，可在别人这里不一定是，你对他说这样的话，除了引起反感，没有其他作用。

每一个职场人，特别是中层，都要建立"把别人当别人"的意识。只有那些思想不成熟的人，才会觉得所有人都应该和自己一样。真正见过社会百态的成熟的人应该意识到，这个世界不是由一种颜色组成的，世上的人各有各的苦乐、各有各的喜忧。

·第二个真理：不要用纯粹的理性击垮人与人的感性交往

很多中层为了强调自己的"职业形象"，在工作交往中往往以一种纯粹的理性状态出现——这是你的职责，我不插手；这是我的领域，你别来染指。实际上，这种纯粹的理性，在大部分企业中都会显得有点"不合时宜"。

某家企业的老总发现，自己的下属办事效率很低，尤其是涉及需要合作的任务，下属之间几乎没有合作的意愿和经验。因此，随着公司越做越大，需要合作的地方越来越多，效率却也日益低下。老总思前想后，最后找到了问题的根源。

造成这种问题的主要原因是，他的下属们都太"理性"了。在公司创办之初，由于业务比较简单，下属之间的合作比较少，他总是强调"各司其职""专业的人就应该做专业的事"等价值观。现在，随着业务扩大，需要合作的领域越来越多，但下属们依旧坚持以往的价值观，完全没有意识到合作的重要性。

怎么办呢？老总去请教一位前辈，问道："我是不是应该制定一些关于合作的制度？强迫下属加强合作。"前辈说道："没那么麻烦，你在接下来一段时间里多组织一些联谊活动，问题可能就解决了。"

听了前辈的话，这位老总时不时地组织一些跨部门的小活动，小到中午喝杯咖啡，大到晚上吃顿大餐、K 歌，甚至周末两日游。过了一段时间，老总惊讶地发现，公司里的合作氛围变得浓厚起来了。

为什么会出现这样的转变？其实，就是因为同事之间除了理性的交往之外，多了一些感性的接触。中层要明白，职场里"水至清则无鱼"，大家都是有血有肉的人，不能天天以一副面孔对人，在交往中多一些生动的东西，人际关系处理起来会简单很多。

· 第三个真理：尊重自己的感受

我们时常强调，中层管理者要有大局意识，讲究高瞻远瞩。这固然没有错，但有些时候，中层会走极端，过分顾全大局，凡事总往全局想，忘了自己的内心同样也需要得到关注与尊重。

身在中层的位置，偶尔是需要委曲求全的，也一定要记得有限度。如果一个中层管理者总是以"受气包"的形象出现，只会助长"歪心思"之人的嚣张气焰，着实委屈了好人，便宜了坏人。而且，如果中层在与同事的交往中太过退让，也会影响自己下属的斗志。所以，中层虽不能做"斗鸡"，时时刻刻的挑事儿，但也不能做"鸵鸟"，遇到危险就把头埋进沙子里。

·第四个真理：具有自省意识

在与同事的交往过程中，如果有些事情是你不能理解的，那么有可能是因为你被自己的情绪、性格所左右了。这时候，不妨站在一个旁观者的角度，去审视问题。不仅要站在旁观者的角度看对方，也要站在旁观者的角度看自己。认真地想一想：我当时究竟是出于什么想法，才说出了那句话？是一时的冲动，还是心里有一些被压抑许久的潜意识在指引我？

作为中层管理者，一定要有这种自省的意识，让自己"置身事外"，更好地理解局中人的心态和目的。正所谓，旁观者清。如果没有一个真正的旁观者指点迷津的话，我们不妨让自己去扮演这个旁观者。

以上，就是中层人际管理的四个真理。掌握了这四个真理，无论遇到什么样的人际障碍，都可以结合其中的内容去反思，找到相应的解决策略。

如果学习只是一种记忆的重播，
我们如何认知新的事物？

下　篇

——中层“新”境界

Chapter/07 中层贵在"三稳定": 能力稳定、情绪稳定、方向稳定

中层稳定则大局稳定

中层贵在稳定, 尤其是能力的稳定。

提起"能力"二字, 我们首先想到的是"高与低"。不错, 能力有高有低, 通过能力的高低来衡量一个人, 是我们最常用的标准。可对于一个企业或团队来讲, 衡量一个人是否能够胜任中层的位置, 除了能力的高低之外, 还有能力的稳定程度。

某企业需要提拔一位新的中层领导, 有两个人选:

员工 A, 能力很强, 经常在别人束手无策的时候想出一些高明的点子来, 力挽狂澜。但 A 做事有些浮躁, 有时候心思好像不在工作上, 总在一些小事情上栽跟头。

员工 B，能力一般，可交代给他的事情，他都会在自己的能力范围之内做到最好，因此总能有所进步、有所收获，且为人谨慎入微，行事稳健。

如果你是企业的负责人，你会提拔哪个人？

在现实的考核中，大部分负责人都会选择 B 作为企业的中层领导。因为，对于企业来讲，中层稳定则大局稳定。选拔中层的第一要求，必然是稳定。

人们在描述一个正常企业的时候，经常会说一句话："铁打的营盘、流水的兵。"流水的兵，指的一般是普通员工，而铁打的营盘通常指的是企业，但在这里，我们也可以把它理解为中层。只有能力稳定、位置稳定的中层，才是保证企业稳固的中坚力量。

大部分的高层管理者都坚信一个道理：中层管理队伍做好了，即便是基层流动得再频繁，整个团队也能够培养起来。如果中层不稳定，即便是基层员工再稳定，也不可能组建成一个合格的团队。

通常来说，中层的稳定性主要体现在三个方面：

·目标稳定

现实中，有些中层一天一个想法、一会儿一个主意，在他们的领导下，员工也不知道自己明天要做什么，可能会面临怎么样的变化。所以，整个团队都是人心惶惶，员工个个战战兢兢、如履薄冰。

合理设定部门的长期和短期目标，是一个稳定的中层管理者最应该具备的能力。所谓的目标稳定，主要是指长期目标也就是大方向要稳定；而短期目标，是可以随着外部环境的变化而调整的。中层要记住，不管外部环境怎么变化，都应该清楚现阶段自己应该做什么、团队应该做什么，然后，带领大家朝着既定的大方向走下去。做到了这一点，就实现了"目标稳定"的初衷。

很多时候，管理如同大海行舟，我们先要保证自己的大方向没错，就算中途遇到岛礁、风浪，适当迂回一下，也不会影响大局。只要把情况和船上的乘客（员工）说明白了，就不至于引起恐慌。可如果你开着一艘船，都不知道该往哪个方向走、要去哪儿，随着船里的资源逐渐被消耗掉，船上的乘客（员工）必然会惊慌失措。到那时候，你再想维持航行秩序，就很难了。

· 执行力稳定

执行力强，不代表执行力稳定。

有些中层管理者很善于冲锋陷阵、攻克难关，但他们有时候太容易麻痹大意，刀山火海都闯过来了，结果却被不知道哪儿飞出来的一颗石子打倒了。比如，一个大型活动从头到尾都组织得很好，结果活动都结束了，才想起来忘了给一位重要的嘉宾安排回程车辆，搞得对方很不高兴；一个活动策划案写得花团锦簇、创意非凡，结果最后忘了写活动预算……这样的情况，实在令人叹息，明明能力很强，却在细节上栽了跟头。

类似这样的事情，其实都反映了一个问题，就是执行力不稳。执行力的不稳定，会直接影响中层的"职业形象"。一个合格的中层必须要具备"稳定输出"的能力，领导交代下去的事情，不仅能顺利执行，还要执行到位。否则，一个小疏漏就可能导致你所有的努力功亏一篑。

·情绪稳定

中层管理者的心态很重要，心态乐观，情绪才能稳定，而情绪稳定，才能实现目标稳定、执行力稳定。因此，情绪稳定是至关重要的。

在下属心目中，中层是团队的顶梁柱，如果中层情绪不稳定的话，就相当于支撑一座房子的顶梁柱总是摇摇晃晃，屋檐下的所有人都会感到惶恐不安。而且，中层管理者的一言一行都会对整个团队造成很大的影响。中层积极乐观、情绪稳定，则团队奋发向上、万众一心；中层喜怒无常、阴晴不定，则团队四分五裂、各自盘算。

所以，中层领导在下属面前，一定要保持情绪的稳定。

在高层的期待中，他也希望自己的下属是一个情绪稳定的人，因为只有情绪稳定的人，才能担得起压力、扛得住重担。

一个情绪不稳定的人，往往是脆弱的，在顺境时或许还能有不错的表现，但在逆境和重压面前，说不定什么时候情绪就会爆发、崩溃。重用这样的人，就相当于在自己身边安了一颗"不定时炸弹"，谁会这么做呢？

所以，无论是在下属还是在领导面前，中层都要保持情绪的稳定，凡事都要保持平常心看待，切忌大喜大悲、忧思过度、浮躁轻佻。

目标稳定、执行力稳定、情绪稳定，看起来是三个问题，但在很多时候，其实它们之间是相互关联的。中层只需要着重培养自己掌握一种关键能力，就可以同时做到"三稳定"，这种能力就是——笃定一件事并有耐心长久坚持的能力。

在这个绚丽多彩的年代，面对诸多诱惑和变化，很多人也变得非常浮躁，简单来说，就是急功近利。

因为急功近利，总想走捷径，总想方设法地"投机"，所以目标不稳定。

因为急功近利，只想赶快成功，却不愿意花时间打磨自己的耐心、修炼自己的能力，以为靠着一点小聪明、小手段就能完成所有的任务，所以执行力不稳定。

因为急功近利，患得患失，有利可图则欣喜若狂，无功可取则悲观沉沦。凡事不懂得自省，成功了就自以为天下第一，得意洋洋，失败了就怨天尤人、自暴自弃，所以情绪不稳定。

作为中层，千万不能浮躁，要刻意培养自己笃定一件事并有耐心长久坚持的能力。唯有笃定与坚持，才能进行长远的打算，为了实现目标而坚持不懈，为了做到更好而不断打磨自己，同时不骄不躁、不疾不徐地向目标坚定前行。

很多人都认为"成功要趁早"，其实大多数人的成功，来得并没有那么快，也没有那么容易，都要经过长时间的积累和锻炼，才能抵达成功的彼岸。就连曾经的世界首富巴菲特，也是历经了这样的过程。

人们都知道巴菲特有钱，但许多人不知道，巴菲特99%的财富，都是在他50岁以后赚到的。巴菲特在《致股东信》中提到了一件事情：

从1900年1月1日到1999年12月31日，道琼斯指数从65点涨到11497点，增长了176倍之多，看起来是不是很疯狂？可即便是这样的增长量，平均到每一年也只有5.3%的增长率。也就是说，你1900年投资1万元，每年只能获得530元的收益。只有你一直笃定地坚持下去，才能获得更大的收益，成为最后的赢家。

做中层，其实也如同投资。你需要投入自己的才干与能力，且在很长一段时间里，收益可能没有想象中那么可观。这个时候，该怎么办？只能继续加大投入，也就是不断地提升自己，让自己的才干和能力持续精进，再将其运用到工作中。只有你坚持下去，才能有所收获，这是"稳定获利"的唯一办法。

崩溃的中层，有药可解

如果你是一个有心人，仔细地观察自己身边的中层，你会发现一个事实：尽管各个企业里中层的职责不同、待遇不同、处境不同，但有一点是相同的，那就是大部分中层的精神状态，普遍都不太好。

中层累，累在身体，也累在心。

有的中层，累在跟不上老板的节奏，老板似乎有无穷想象力和数也数不尽的新设想，但老板只管想，落实要靠中层。正所谓："老板动动嘴，中层跑断腿。"中层之难，可见一斑。

有的中层，累在跟下属着急。精明能干的下属不好驾驭，踏实肯干的下属事事都要求教，还有些"当一天和尚撞一天钟"的下属需要时时监督。俗话说："人上一百形形色色。"想要把各色人等统一到一个团队之中，岂能不累？

即便如此，身为中层，还是劝你先别急着喊累。只要你度过了这段难熬的岁月，领会了作为一个中层的真谛，所有的心酸所有的累，都将成为浇灌人生花朵的雨露和养料。

托马斯·卡莱尔说过："没有长夜恸哭过的人，不足以语人生。"同样，没有尝过心酸苦涩的中层，也不配谈管理的艺术。毕竟，有些东西你可以通过学习掌握，但有些东西，你必须经历过才知其中真味。

马云的接班人、阿里巴巴 CEO 张勇说："一个管理者最重要就是做好三件事情：第一件事是做团队不敢做也不能做的决定；第二件事是承担团队不该承担也承担不起的责任；第三件事是帮团队搞定他们搞定不了的资源。"

试问：这三件事情，有哪一件不难？哪一件不累？可如果你想要成为一个出色的管理者，做不好哪件都不行！做中层，就是要能扛事，这是你不可推卸的责任。人前有多少辉煌，背后就有多少苦难。在普通员工看来，中层地位高、薪资高、权力大，他们根本体会不到，作为管理者有时候挣的也是"辛苦钱"。

任正非，一个外人眼中的成功者，无数管理者心目中的偶像。但是，他经历了多少苦累，只有自己和他身边的人才知道。华为董事、高级副总裁陈黎芳曾经说："任正非在创业之初所面临的困难，是普通人想象不到的。当时，公司没有人、没有技术、没有资金，任正非带着这样一个公司走到今天，可以说是一路心酸。"

时间回到 20 世纪 80 年代末，当时的任正非人到中年，做生意被人骗得一塌糊涂，妻子与他离婚，家里还有孩子、父母、弟弟妹妹要照顾。当时，他的处境放到别人身上，恐怕早就自暴自弃了。可即便如此，他还是坚持着。后来，他创办了华为，但公司的经营也很艰难。为了让华为能活下去，任正非甚至一度研究过怎么做减肥药、怎么做墓碑，为的就是能够赚一些钱，补贴长时间难以盈利的华为公司。

在任正非苦苦地支撑下，华为公司终于研究出了能满足500个电话用户需要的 HJD48 交换机。靠着这部机器，华为打开了市场，销售额达到了上亿元。从苦难中走出来的任正非，这时候才终于释放了自己积压已久的情绪。在 1992 年的年终总结大会上，任正非没有庆功，而是对所有人说了一句："我们活下来了。"话说出口后，他泪如雨下，台下的员工也跟着一起落泪。

人常道："哀兵必胜。"这个属于战场上的规律，用到管理上或许就是：能够承受得住压力、经受得了挫折、从苦累心酸几近崩溃中走出来的哀兵，必然能赢得胜利，并走向更大的胜利。因为，他们已经经过了淬炼，以后不管遇到什么样的打击，都可以坦然应对。

一个企业是否能够笑到最后，很大程度上取决于，企业的各层管理者能够承受多大的压力。

这样说的目的，当然不是要歌颂压力。对每一个人来说，无论身在高层、中层还是基层，压力太多所导致的负面作用都是显而易见的。所以，我们还是要想办法将压力的副作用降到最低。而且，既然外部的压力是客观存在的，是不以人的意志为转移的，那我们需要做的就是，积极地面对，通过一些科学的方法，将内部的、主观的压力尽量化解掉。

那么，对中层而言，具体该怎么做才能释放负面的压力与情绪呢？

·找到压力源

所有的压力都有一个压力源。比如，早上起来的时候，突然接到老板的电话，老板提到有一个高难度的任务需要你马上完成，事关公司的生死，不成功就成仁。这个时候，压力源就产生了！

作为中层，你要怎么解决这个压力？最直接的办法是辞职，我不干了！这样的话，来自外部的压力自然就消解了。但我们都知道，这不是一个靠谱的办法，也不太实际。所以，我们只能换一个角度，从自身出发来转化压力。

·评估压力

从自身出发化解压力，我们要做的第一件事情是，对压力进行评估。

遇到此类事件的时候，先问一问自己："它是一个压力性事件吗？"如果评估的结果是："对，它确实给我造成了压力。"那么，我们就应该想一想：在重压之下，我们做出的选择会造成什么样的后果？

比如，前面提到的"辞职不干了"，也是一种选择。但我们只要冷静地想一想就明白，这一选择虽然化解了眼前的压力，却会给我们的生活造成更大的压力，得不偿失。因此，该办法不可取。

·分析压力事件

既然辞职的方法不可行，这个时候，我们就需要对压力事件进行分析了。

老板的要求虽然很难，但是通过努力是否可以完成呢？完成之后，是否会得到丰厚的回报？如果答案是肯定的，这个时候，就等于把压力转化成了动力。

如果老板的要求已经超出了你的能力范围，此时的你，又面临两个选择：

第一，硬着头皮上，最后可能会失败，从而形成更大的压力。

第二，和老板把话说明，让他重新对任务进行评估。虽然这样做，可能会暂时影响你在老板心目中的形象，但从长远来看，这是一种明智之举。

最终，不管你选择了哪一种方式，只要你已经充分评估了压力事件可能造成的后果，并做好承担后果的心理准备，那么压力产生的压强都会变小。

说到这里，你可能也发现了，我们化解压力最主要的一个能力在于——先知先觉。未知的结果会让人恐惧，带来压力；如果你遇事足够冷静，并且掌握了判断事物发展走向的能力，就能够把未知变已知，压力自然会小很多。

·掌握排压原则

对于中层来讲，还有一个非常重要的缓解情绪和压力的法则——平衡工作与生活。

如果你总把生活中的压力带到工作中来，或者是把工作中的压力带到生活里去，那么一份压力就会翻倍，变成双重的压力。

我们的一生中需要扮演很多角色：在单位里是中层领导，在家里是丈夫、儿子、父亲，或是妻子、女儿、母亲，游走于各个角色之间的时候，如果不能把上一个角色背负的重担卸下来，就会时时刻刻背负着所有角色的担子。

这样的压力，是生命不可承受之重。

中层很忙，但不能瞎忙

管理者必然是忙碌的，中层管理者尤其如此。

中层最大的价值就是"被需要"，也正因为"被需要"，所以一定有各种大小事务等着你来处理。中层的忙与高层的忙有所不同，主要的区别在于，中层的工作流于琐碎，就是通常所说的碎片化。

一个大型企业的中层管理者，每天要处理多少大事小情呢？有关研究的结果出人意料：一个大型企业的中层管理者一天要处理上百件事情。

此外，还有一个更加具体的数据：一个中层管理者，从每天早上来到办公室到晚上离开的时间里，平均要收到36封邮件，接5个电话以及开2次会议。这么多的会议、电话，再加上处理邮件，每天的时间便被分割成了一个一个的小块。

这，就是所谓的管理碎片化。

一个操作机器的工人，他每天的工作量再大，看起来也没有那么忙，为什么？因为他只要把手头的活儿进行不断的重复，终究是可以完成任务的。可是，一个中层管理者，他的工作不是重复性、机械化的工作，而是一个又一个需要创造性的大、小任务集合成的综合性工作。所以，中层看起来格外得忙。更可怕的问题在于，如果中层忙得不得法，东一榔头西一棒子，每一件事情都不能善始善终，留下无数的"小尾巴"，他就会陷入"瞎忙"的怪圈中，最终导致管理工作的全面崩溃。

很多管理学的著作里，都不约而同地提到了一个中层管理者的工作原则——要事第一！

明茨伯格说："管理者的一个难题在于，当重要活动跟琐碎小事掺杂在一起的时候，管理者必须能在大小事务中迅速而频繁地转换心态。"作为一位中层，一定要能在千头万绪的工作中，找到最重要的那件事情，然后在处理琐碎小事的同时，保证最重要的任务完成。

那么，怎样才能让中层在大小事务中迅速转化心态，不耽误要事呢？

·采用"主题日工作法"

所谓"主题日工作法"，就是在每一天的工作开始之前，都根据今天最重要的事务，给这一天定一个"主题"。通常来说，中层管理者需要用到以下几种"主题"：

"赶工日"：一般在出差或极度忙碌之后，管理者需要拿出一天时间，去完成之前几天积压的一些小事情，如回邮件、约见员工、整理文件等。

"危机日"：在每个重要任务进入关键性的攻坚阶段时，中层要尽量回避一切与主线任务关系不大的活动，将精力集中在当下的任务上，且随时准备处理任何可能出现的危机。

"计划排满日"：这一天，中层管理者所有的时间都被排满，可谓最忙碌的一天，但同时也是最容易被突发危机"打倒"的一天。所以，计划排满日最好放在危机日的后一天。

"空闲日"：中层管理者虽然很忙，但也要给自己留出一定的空闲时间。当然，空闲时间并不意味着什么都不做，而是说这一天没有任何明确的计划，就是要放空自己，组织头脑风暴会议，多务虚少务实。抽出这样一天时间的原因很简单，如果中层管理者每天都在为具体的事情忙碌，久而久之，会丧失想象力、创造力。设立空闲日的目的，就是为了放松精神，放飞思想。

通过"主题日工作法"，中层管理者可以明确，一天内最重要的事情是什么，然后，在不知不觉中达到"要事第一"的目标。

·实施目标管理

尽管"主题日工作法"能够让中层"忙得有价值"，但无论如何，这只是一种"方法论"，中层若想真正摆脱"瞎忙"，除了要倚仗"方法论"之外，还需要重建自己的"世界观"。

在某个寺庙里，住着一位老禅师和一群小和尚。其中有一个小和尚，非常勤奋，不是在化缘，就是在后厨做饭洗菜，要么就是苦读经书，从早到晚忙个不停。

老和尚看见小徒弟这么努力，非常欣慰。但是小徒弟自己知道，虽然每天都在忙，成效却很有限。终于有一天，小徒弟找到老和尚，问："师父，我每天都很累，做很多事情，但却始终没有进步，为什么呢？"

老和尚沉思了片刻，说："你把平常化缘的钵拿过来。"

小徒弟拿来了一个钵，老禅师说："好，现在你找一些核桃来，把它装满。"

小徒弟照做了。

老和尚问："现在这个钵满了吗？"

小徒弟说："满了。"

老和尚说："你再捧些大米过来，装进去。"

小徒弟把大米装到了钵里，大米没有撒出去，顺着核桃之间的缝隙流了下去。

老和尚问："满了吗？"

小和尚说："这回一定是满了。"

老和尚说："那你再拿些盐来，用水融化了，装进去。"

那些盐水又顺着大米之间的缝隙流了下去。

小徒弟似乎明白了什么，说："我知道了，您的意思是说，时间和空间一样，挤一挤总是会有的。"

老和尚却摇摇头，说："不对，我现在想让你做另外一件事情。刚才你是先放核桃再放米，最后放盐水，现在你把顺序倒过来。"

小徒弟按照老和尚说的去做，先倒进去盐水，然后再放大米，最后放核桃的时候发现，核桃根本放不下了。

老和尚对小徒弟说："我是想告诉你，做事情的顺序很重要，同样的事情，用不同的顺序去做，花费的时间大不相同。"

小徒弟这次才彻底明白了。

这个故事应该会给中层带来一些启发。如果说，你整日奔波，异常忙碌，那么，你很有必要想一想：我的终极目标是什么？这个终极目标，就是那个最大的核桃，是你应该最先考虑的"要事"。从这个角度上来说，"要事第一"管理法则的本质，其实是目标管理。

美国"现代管理学之父"彼得·德鲁克在 1954 年出版的《管理实践》一书中，率先提出了目标管理的概念，这是一种以目标为导向，以个人为中心，以成果为标准，使组织和个人取得最佳业绩的现代管理方法。

中层管理者首先要明白目标管理的终极对象是谁。无论是组织，企业还是个人，最终目标管理的落脚点还是要落在人身上。然而，想要管好人，最先要做的事情，就是搞明白自己的动机和需求，同时也要明晰被管理者的动机和需求。

很多中层管理者每天忙着管人，却始终不能取得良好的效果，为什么？就是因为他们没有搞明白管理者和被管理者的动机与需求。如果一个中层自己的管理动机不明确，很容易做出一些让人感到匪夷所思的事情来。

曾经有这么一位中层领导，下班之后离开了办公室。等他走到车库的时候，发现车钥匙忘拿了。于是，他又折回办公室取钥匙。

回到办公室之后，他发现其他部门的人都在加班，只有自己部门的人走得一干二净。这位中层感到非常生气，第二天就给自己的员工开会，还在会上定了一个规矩——每天下班后，所有人都要加班一个小时。

这就是典型的管理动机不明确。作为管理者，你的需求和动机应该围绕任务产生，而这位管理者，为了自己所谓的面子或者说部门的"形象"，做出了一个愚蠢的决策。可以预见的是，他这样做的效果并不会太好，反倒可能激起员工的逆反情绪，增加管理的难度，让自己变得越来越忙。

前面说过，中层不仅要了解自己的动机和需求，还要了解员工的动机和需求。每个员工都有自己的诉求，他们工作不都是为了给你完成任务，且不同层次的员工也有不同的诉求。

很多创业型的企业，员工的工资并不高，为了提升员工的工作热情，他们不断地强调所谓的"实现个人价值"、"培养企业文化"之类的"价值观"。可是，员工们当下的诉求是，怎么解决收入的问题，你说那么多"缥缈"的东西，真的能起到作用吗？

相反，许多盈利非常好的企业，员工收入普遍超过同行的水平，但管理者还在一味地强调"金钱至上"的观念。不管员工有什么样的意见，都觉得可以靠钱来"摆平"。结果，企业中留下的尽是一些见利忘义之辈，这样的企业怎么可能有所突破呢？所以，在现实中我们经常会看到，一些利润非常高的企业，由于内部管理不善而人心涣散，最终开始走下坡路。这也充分证明，金钱管理并不是万能的。

马斯洛的需要层次理论将人的需求分为五级——生存需求、安全需求、爱与安全感的需求、尊重需求、自我实现的需求。他认为，只有满足了最基层的需求，人们才可能去实现更高的需求。但如果已经满足了基本需求，却不思进取、流连其中，那么一个人的层次就不可能有所提升。

作为中层管理者，真的有必要想一想：自己的员工正处在哪个需求层次？该通过什么样的办法来满足当前的需求？如果已经满足了当前需求，又该如何激励他们实现更高的需求？

曾有人说，一个合格的管理者，首先应该是一个好的"心理学家"，对人的心理有所洞察。你要培养这样的心理洞察能力，敏锐地察觉下属的真实需求，然后对症下药去激发员工的斗志。唯有如此，下属才会觉得，跟着你一起做事情有满足感、有成就感，继而更有激情和动力。

制度的"两个稳定"

制度建设，对于管理而言，不容小觑。

中层既是企业大制度的执行者，也是团队小制度的制定者；既要用制度去约束员工，自己也要严格遵守规章制度。所以，对于"制度"这两个字，中层必须有深刻的认识。

其实，在制度的背后，藏着一个非常重要的概念，那就是角色管理。换句话说，建立制度的深层次目标，就是为了让企业中的每个人都明白自己的定位，知道自己在团队中应该扮演什么样的角色。

2000 年，毕业生进入了求职季。清华大学的学生，自然是各个企业争相招揽的对象。而这一年，清华大学仅有的两个制冷专业的博士后，其中之一被格力电器"抢"走了。实际上，格力电器在招揽人才时，一贯是不遗余力的。有人说，中国制冷的博士后有一半都在格力电器，此言虽然略有夸大，但也绝不是空穴来风。

那位从清华毕业的博士后来到格力之后，自然是备受重视，直接就被任命为企业的中层领导，技术、产品都由他负责，他说某个零件合格就合格，他说哪家供应商好就采购哪家。格力公司给他如此大的权力，是为了发挥他的专业优势。

然而，这位博士后在中层的位置上待得久了，似乎忘记了自己的使命。他的心思渐渐发生了变化，在岗位上他一不研究技术，二不研究工艺，三不研究消费者需求，而是专心致志地研究起了"为官之道"。

时间一天一天地过去，这位博士后的专业能力没有太大提升，反而学会了利用职务之便为自己牟利，利用公司的信任在企业中胡作非为。当时，外界的人们形容格力的中层只有一个字——"黑"。想要与格力合作，干什么都需要靠关系，采购要靠关系，质检要靠关系。

回顾起当年的这段时间，董明珠感慨地说：他来了我们非常高兴，但结果却很失望，整个技术团队都让他带垮了。一个博士后，应该带领着年轻人们攀登技术的高峰，结果他却搞起了交易。

2001 年，董明珠担任格力总裁后，马上罢免了这位博士后。随后，董明珠制定出了一系列规范企业员工言行的制度。有了制度之后，任何人都失去了胡作非为的空间，格力企业内部的风气开始逐渐发生变化，大家的思想越来越稳定，产品的质量也越来越稳定。事后，董明珠总结说："我们给了他权力，他并没有因此而满足，人都是有欲望的，所以博士后也要用好的制度约束。"

那时格力空调之所以陷入短暂的混乱时期，就是因为没有通过有效的制度，来明确每个人的角色。"博士后"在这种缺乏制度的环境中，产生了角色上的混乱。在这里，我们不妨"事后诸葛亮"一下：如果格力从一开始就有一套完善的制度，那么这位博士后说不定会在制度的约束下，成为格力公司的一员干将。很可惜，生活中没有如果，制度的缺失让博士后扮演了他不应该扮演的角色，走上了一条他不应该走的路。

实际上，角色管理混乱的现象，在很多企业中普遍存在，对企业的执行力也产生了巨大的冲击。一个优秀的企业，首先是其中的每名员工都能够承担起自己的角色使命，这是企业高效率运行的根本前提。

什么样的制度才能够强化角色管理，从而不断提升企业的执行力呢？

答案又得绕回去，那就是稳定的制度。那么，这个"稳定"具体指什么呢？其实，它主要体现在两方面，即时间上的稳定和执行上的稳定。

·时间上的稳定

很多中层为了加强团队的执行力，不断地调整自己的制度，不断地尝试更先进的制度。在这个过程中，他们似乎忘记了一件事，那就是制度之所以叫"制度"，是因为它具有长期性；一个"短命"的制度，不过是管理者头脑发热的产物，不具备指导性。

·执行上的稳定

有些中层太过于讲究"随机应变"，明明定好的制度，却经常视而不见，还大言不惭地说："制度是人定的，所以人就是制度，要随人而变。"此类管理者不明白，制度虽是人定的，可一旦定下来，就需要人坚定不移地执行！随时随着人的意志转移的制度，根本不是制度，顶多是行为指导。既然是制度，在执行上就一定要稳定，不能想执行就执行，不想执行就不执行。

有一家大型企业，由于经营不善难以为继，最终卖给了一家日本财团。

企业里的老员工都在想：日本人来了，会带来什么样的先进方法呢？企业又会有什么改变呢？没想到的是，日本人来了之后，对企业原来的制度一字没改，只要求大家全面执行。

制度还是原来的制度，企业还是原来的企业，人还是原来的人，甚至连机器都是原来的机器，这能有什么起色呢？所有人都觉得，日本人肯定是"疯"了，买下一个快要破产的企业，还不思求变，依然走在老路上。

然而，令所有人意想不到的是，不到一年时间，企业竟全面扭亏为盈。老员工们也感觉，企业和原来完全不一样了，原来的制度虽然大家都熟记于心，但那都是纸上的东西，没有真正地实行过。现在，日本人要求必须要百分之百地落实制度，企业内部发生了很大的变化。

在上述案例中，日本财团既保证了制度的时间稳定，又保证了制度的执行稳定。因此，看起来没有什么大变动的企业，在一年中发生了本质上的变化，这就是制度稳定的威力。

结合实际的管理工作，为了保证制度的稳定，中层们在制定和执行制度的时候，一定要注意以下几个基本要点：

·常抓不懈

制度这个东西很有意思，你越抓它越强，你稍有松懈，它就一泻千里。因此，中层们对待制度，要做的第一件事就是常抓不懈，不能有丝毫的放松。

怎么抓？从哪儿抓呢？其实，抓制度的关键，在于以身作则。古人云："己身不正，虽令不行。"意思是说，你要是没有遵守制度、不走正道，就别指望别人听你的！所以，常抓不懈，对中层而言，最主要的还是"抓"自己。

·保证严谨

在出台每一条制度之前，都必须保证绝对的严谨。有些中层"三天一个政策，五天一个制度"，结果呢？每一条制度都定得很草率，或是不能令人信服，或是经不起时间的考验。这样的制度定出来，往往是对团队最大的伤害。因为时间长了，大家都知道你的制度不靠谱，不仅不会遵守新制度，就连老制度也会一并否定，得不偿失。

·有普遍性

中层们要注意，每一条制度都要面向所有人，不能制定针对某种人甚至某个人的制度。

首先，此类制度不具备普遍性，从定义上就违背了制度的初衷。

其次，制度之所以神圣，是因为它没有一条是无用的。当你针对某些人制定出一个制度后，万一这些人离开了呢？你的制度表里多了一条没用的制度，试问制度的神圣性何在？

最后，也是最重要的一个原因，制度是"公器"。如果你用"公器"去对付一个具体的人，是气量狭小的表现，更是一个组织不能接受的"公器私用"行为。

关于制度，说一千道一万，其实就两个字——准和稳。

所谓准，就是你制定的制度要完善、要慎重、要科学；所谓稳，包括时间上的稳和执行上的稳。满足了这两条的制度，就是好的制度。在一个好制度的规范之下，每个人都能够在企业中找到自己的角色，各司其职。这会让你的管理变得有章可循、有法可依、有的放矢。

没有停顿的生命，
或许只是简单的重复

Chapter/08　中层败在"三思维"：平面思维、线性思维、功过思维

平面思维暴露中层软肋

某中层管理者给自己制定了一个目标：今年要实现一千万元的销售额！

为了这个目标，他制订了一年的工作计划：谁做什么、谁负责什么、要达成什么样的目标……一切都构思得很好，只要手下的人按照他的计划按部就班地去做，一千万元的目标绝不是问题。

该中层管理者觉得胜券在握，一切都落实到人头上了嘛！他也确信，每个员工都有完成相应任务的能力。"剩下的事情就看他们的了"，他感觉自己已经高枕无忧，升职加薪指日可

待。可是，半年之后一盘点，销售额仅仅达到三百万元，有好几个员工都没能完成预定的任务。

怎么回事？这个中层管理者赶紧询问，每个员工都给出了自己的理由：

员工 A 五月份刚结婚，折腾婚礼、休婚假，耽误了半个多月的时间，任务再要紧，总不能不让人家结婚吧？

员工 B 离职走了，新来的员工顶替他的位置，业务不熟练，所以没完成任务，情有可原。

员工 C 大病一场，虽然病愈之后马上恢复工作，可由于精神状态和身体状况都不太理想，所以工作效率不人高，没有完成任务。对于这样的员工，虽然他没有完成任务，但也不好苛责，人家也算是"带病坚持"了。

总之，各有各的原因、各有各的苦衷，可不管怎么样，阶段性的任务终究是没有完成。于是，这个中层管理者开始着急起来。在下半年的时间里，他着手强化目标责任，强化绩效考核，希望让所有员工都紧张起来，不仅要完成下半年的任务，还要把上半年的任务补齐。

如此一来，每个人的工作压力都陡然增大。那些上半年没有"掉链子"的员工心想："我又没做错什么，为什么还要代人受过？"那些没有完成任务的员工则想："我经历了这么多的事情，你一点都不体谅我，还变本加厉，这是什么领导？"

人心散了，队伍更不好带了。下半年的任务，最终没有完成。这个中层管理者忙忙碌碌一年，却没能得到自己想要的结果，事已至此，他想弄明白，自己究竟错在哪儿。

其实，这位中层犯的错，就是思维过于平面化。

平面化的管理思维，指的是在管理中将所有的环节都想得过于理想化，完全没有深入思考问题的多种可能性，简单来说就是"太天真了"。

平面管理思维有一个最大的弊病，就是管理者往往默认员工和自己一样重视目标、重视责任、重视工作；以为自己把目标分解得很清晰，员工就一定能够保质保量地完成。然而，在现实工作中，我们都有体会，这几乎是不可能的事。

尽管我们之前一直强调，中层管理者要加强"目标管理"，但中层管理者必须要明白，这里所说的目标是"自我目标"。也就是说，你要通过管理自己的目标，带动团队进步，而不是简单地把自己大目标分解成几个小目标，然后直接抛给员工，让他们把你的目标当成自己的目标去完成，这是不科学的。

要理解这一点，你需要知道，员工是怎么看待目标的。不是所有的员工都和你的思想处于同一水平，还有很大一部分员工，对待目标存在着错误的态度：

·第一种态度：认为目标是一个"累赘"

或许，在管理者看来，目标意味着光明的前景，以及可以实现的美好未来。可在有些员工心目中，你交付给他的目标就是一个累赘。他们会想：让我完成这个目标，不就是为了考核我吗？真累！就算是我完成了目标又怎么样？大部分功劳也不是我的！

这是不少员工内心真实的想法。透过这一点，我们也不难看出：不管做什么，只要是需要通过努力来完成别人制定的标准，往往都会让人产生懈怠情绪。对此，管理者该怎么办？

办法只有一个，就是让你目标变成他的目标！

比如，在安排工作的时候，不要直接说："你今年的销售额必须完成 50 万元。"而是要说："你打算完成多少万元的销售额？"如果员工的目标比你预期得还要高，那自然最好。如果他的目标比你预期得低，你可以说："只完成 30 万元的话，恐怕你只能获得 ×× 元的报酬。我知道你刚结婚，又买了房子，年轻人现在的生活压力大，所以更要努力，力争上游啊。"

通过引导的方式，让员工自动调高目标。如此一来，就把你的目标变成了他的目标。当一个人知道事情是为自己而做的时候，便不会有怨言，能迸发出持久的动力。

·第二种态度：没有把目标当成"硬指标"

管理者可能认为目标就要不折不扣地完成，但不少员工在领到目标后的第一时间，就已经在心里把目标打了一个折扣："50 万元的销售额？好有压力啊！估计我完成 45 万元，就差

不多了。"然后，随着任务的进行，他会不自觉地调低自己的
期望值。

人们都说："我能，是因为我相信能。"同理，"我不能"，
是因为从一开始就觉得"不能"。如果员工从始到终没有完成
目标的决心，那他肯定很难完成任务。这个时候，你需要修改
一下自己的奖励制度了。

之前，你的奖励制度可能是这样的：完成10万元奖励
5000元，完成20万元给1.5万元，完成30万元给3万元，完
成40万元给4.5万元，完成50万元给7万元……尽管也是阶
梯式的奖励制度，可在50万元这个关键节点上，奖励力度并
没有一个质的提升。

现在，你不妨尝试这样做：完成10万元奖励5000元，完
成30万元奖励1万元，完成30万元奖励2万元，完成40万
元奖励3万元，完成50万元奖励11万元。

其实，总的奖金额度没有变化，可在50万元这个目标节
点上，奖励金额陡然增大。这个时候，员工必然死死盯住这个
目标额度，为之付出最大的努力。心态变了，完成任务的动机
更强了，自然会有更好的结果。

了解了员工看待目标的心态之后，中层只要稍微做出一些
调整，就可以让自己从平面管理的怪圈里走出来。而且，随着
对员工心态了解得越来越多，中层们也会愈发深刻地体会到一
些管理中的事实。

首先，麻木接受目标的员工，不见得就是好员工。他们很可能对目标缺乏思考，麻木接受，然后麻木执行。这样的员工，最后很有可能无法完成目标。其次，每个人都希望做自己喜欢的、愿意做的事，或者说做自己认为是自己决定的事情，不愿意被控制。

明白了这两点，中层们不但能够更加精通"目标管理"，还可以将其引申到管理过程的方方面面。不夸张地说，你可能会在管理上发生天翻地覆的变化。

·管理的着眼点会发生变化

传统管理者对于管理的着眼点，其实是比较落后的。他们更重视用考核的方式总结过去，而不懂得用管理去引领未来。在现代管理学理论中，引领未来比考核过去要重要得多。

管理者必须学会洞察员工的心理，然后通过心理的暗示、引导，让他们自己主动"走向未来"。这是一种发展性的管理，会让员工从主观上感觉压力变小。你给员工的压力小了，力是相互作用的，他们释放出的反弹力也就变小了。这样一来，你的管理难度就会降低。

·管理者实现目标的方式会发生变化

大多数管理者都有两种传统的管理"武器"，一是"胡萝卜"，即甜头；二是"大棒"——惩罚制度，即苦头。今天，管理者可能会发现，"胡萝卜"没那么甜了，"大棒"也没那么疼了，因为现在的员工自己也会研究管理学的一些理论。那些传统的管理原则，他们都是知道的，所以传统的管理"武器"没那么奏效了。这个时候，中层就要转变思路，需要更多地通过指导、反馈、鼓励学习等方式来提升绩效。

·管理者的角色会发生变化

在一些绩效不好的团队里，管理者似乎是带着京剧脸谱的人，角色固定，且十分僵化，就是高高在上的领导。如果你的角色已经固定，那么员工对你的行为逻辑就会了如指掌，他们会想办法应对，抓住你在管理中的弱点。

如果你愿意放下身段，以一种恰当的方式出现在他们中间，这个时候，你的角色就变得生动起来。此时，员工的心态也会发生变化——原来，你是领导，他们觉得"对付"领导是理所当然的；现在，你是"同伙"，所有人都会觉得，对同伙耍心机有点"不地道"。这个时候，你和员工更容易形成合作、达成默契，管理难度自然也就降低了。

总而言之，要告别管理中的平面思维，需要中层们充分考虑到"人"的复杂性，通过深入认识员工的心理，提升自己"深度管理"的能力。

没有立体思维的中层会成为庸才

中层管理者在工作中肯定会遇到很多问题。如果你的工作模式只是"遇到问题解决问题"，而不去深入思考问题背后的真正原因，那你就要警惕了。很有可能，你暂时还没有养成立体的管理思维。

曾有人说，没有立体思维的中层永远是庸才。话虽不中听，却也道出了一番现实情景。

学过几何的人都知道，几何中最基础的概念是"点"，过这个点可以画一条线，两条线可以形成一个平面，三条线可以决定一个立方体。点，没有面积没有体积，平面只有面积没有体积，而立方体则既有面积又有体积，我们的世间万物都包容在立方体里。《道德经》里说，道生一，一生二，二生三，三生万物，指的也是这个道理。

我们的思维也一样，如果思想只有一个点，就是点思维。点思维，也可以称为零思维，意思就是没有经过大脑，是来自于本能的反应。虽然在某些学说里，特别推崇代表着自然天性的零思维，认为零思维是最真实、最有灵性的。但对于中层管理者，零思维管理是万万不可取的。因为中层管理者大都还在探索学习的阶段，并没有形成管理的本能，这个时候如果不经大脑做出管理决策，很可能会做出错误的决定。

点思维之后，就是线思维。一条线只有两个方向，所以线思维是一种比较极端的思维，非进即退、非黑即白。人们经常形成那些"钻牛角尖"的人是"一根筋"。所谓一根筋，其实就是一条线的思维模式。

中层管理者要看到事物的复杂性，不能用"二元思维"概括一切。比如，评价一个员工的时候，不能简单地说：这个是好员工，那个是坏员工；这个员工都是优点，那个员工都是缺点。在评价一些事情的时候，也不能说这件事是好事，那件事是坏事。要充分认识到人、事、物的复杂性，好人也会有缺点，坏人也并非一无是处；好事中也暗藏着风险，坏事中可能也包含着机遇。

中层管理者的"二元思维"，还体现在对权威的盲从上。比如，有些中层认为，某个管理大师说的话都很有道理，或者把某个企业家当成自己的偶像，对其所说所做"言听计从"。反之，他们也会认为，某种管理理论是彻底行不通的，某个企业的管理理念是绝对错误的。这些都是非黑即白的线性思维，不可取。要知道，在管理的领域不存在完全正确的"神"，也没有彻底"黑化"的"鬼"，管理是"人的艺术"，我们不能盲从，要懂得根据实际情况进行变通。

比线思维更进一层的面思维，就是我们前一节所说的，凡事只在一个平面上想问题，往往不能考虑事物深层的发展规律，更不能深入地了解被管理对象的心理特点。

而终极的思维，就是立体思维。立体思维的核心在于"框架"。我们都知道，任何的立方体都是由框架组成的，而立体思维的本质，恰恰就是搭建这样一个思维的框架，也叫"思维模型"。通常来说，思维框架是由三个要素形成的：

·第一个要素：信息的输入

中层一定要学会筛选信息、过滤信息，分辨有效信息和无效信息。作为管理者，每天要接触到的信息都可以用"爆炸"来形容，几乎每一刻都会有人向你提供新的信息。

信息分为两种，一种是直观的信息，比如，大部分的数据信息、通报结果的信息，以及那些直话直说的信息；另一种信息不是直观的，需要你去"领会"。比如，有时候，上司会委婉地提出批评、给出建议，下属为了某种目的会故意把核心信息放到一大堆非核心信息中呈递上来。这个时候，就需要你来做出判断了。

·第二个要素：大脑处理

信息来了，你要能够处理这些信息才行。处理信息需要两种资源：一种是知识，它是用来认识信息的；另一种是经验，它能够迅速地将信息与场景结合到一起。

例如，下属呈报上了一个季度的行业发展趋势图、企业销售份额图，要看懂这些图，你首先得有"读图"的知识。可是，光有知识不行，你还要根据经验联系实际去分析图中的深意。同样的一份信息，在不同的月份、不同的行业背景之下，有着截然不同的意义和作用。如果你不能把信息与场景有机结合到一起，看了也是白看，信息是无效的。

·第三个要素：信息的输出

在获取信息、分析信息之后，还要把信息传递出去。你获取的是原始信息，分析的是要点信息，而传递出去的则是"成熟信息"。什么是成熟信息呢？就是可以指导下属如何去做的具体信息，即所谓的解决方案。

大多数时候，下属只需要你的解决方案，不需要知道你是如何产生这个解决方案的。但是，你必须非常清楚自己收到信息、分析信息，并最终推导出解决方案的整个过程。如果没有这一整套过程的话，你最终的解决方案，肯定是不完善且缺乏说服力的。这就好比，我们解一道数学题，特别是选择题，只有唯一答案的那种。多数时候，老师不会去探究你的解题步骤，只要结果对就可以拿到分。可如果你因此认为解题步骤不重要，随便填一个结果上去，那这个结果极有可能是错的。

如果凡事都能够按照这三点去分析，你的思维就会变得立体起来。你不仅会知道一个事物过去是什么形态，现在处于什么状态，还可以预知甚至是掌控它未来的发展势态。

点思维、线思维、面思维和立体思维，在人群中是按照橄榄型分布的。也就是说，点思维的人很少，线思维和面思维的人占据了大多数，而拥有立体思维的人也很少。基本上是两头尖、中间圆。这也符合这个社会的基本现实，一般的人占大多数，极优秀的人和极平庸的人是少数。作为中层，一定要尽量让自己往上走，成为极优秀的一员。

实际上，在各种思维模式之间，还存在着一种微妙的关系，那就是后一种思维模式可以兼容前一种思维模式，如面思维可以兼容线思维；但反过来之后，前一种思维模式是无法理解后一种思维模式的，如点思维无法理解线思维的问题。

简单解释一下：拥有立体思维的人，可以洞穿平面思维的想法，但是平面思维的人，在多数时候都不能完全理解立体思维是怎么想的。这也造成了管理中的一个不对等现象——让拥有立体思维的人管理平面思维的人，十分容易；但是，让平面思维的人管理立体思维的人，非常困难。这就要求，中层管理者一定要具备立体的思维，这才是典型的管理思维。

强化立体思维，中层们需要做好以下三件事：

第一，主动思考。管理者必须学会主动思考，不能被动应对。

第二，培养逻辑思维能力。逻辑思维是立体思维的基础，管理者想要搭建自己的思维框架，一定要不断培养自己的逻辑思维能力。逻辑思维就相当于我们盖房子建立大框架时的图纸，如果没有这个图纸，把原料随意堆砌，永远建不成一座结实的房屋。

第三，培养对数据的敏感性。在立体思维里，数据是非常重要的东西。数据如同空间里的坐标，如果没有坐标，即便是形成了立体的思维，也很难充分利用立体思维空间进行精确的思考。

以上，愿每位中层管理者都能深谙于心，实践于行。

无过便是功？无功便是过！

不求有功，但求无过，是一部分人的行事准则。这些人通常胸无大志，只要平平安安不出错，保住现有的位置，通过耗时间来取得"进步"，就心满意足了。他们的至高境界，总结起来就是八个字——"没有功劳，也有苦劳"。

"不求有功，但求无过"的人，虽然没做太多实事，可为了保持自己在管理岗位上的存在感，他们是喊空话大话、搞形式主义最积极的一批人。他们最善于做的事情，就是说一些正确的废话，做一些无用却声势浩大的表面文章。

这样的人不只现代才有，翻开史册，总能瞥见相似的身影。

有一次，别人给王安石送来了一头獐子和一头鹿，放在同一个笼子里。两种动物长得很像，一般人分辨不出来。于是，王安石就问自己的儿子王雱："你知道哪头是獐子，哪头是鹿吗？"王雱出身世家，哪里知道这些事情。可他又不愿意露怯，于是想了想说："獐子旁边的是鹿，鹿旁边的是獐子。"

他说得对吗？完全正确，但仔细回味，发现这样的回答，相当于什么都没说！王安石听后，勃然大怒，说："你这小子，就知道要小聪明，没点儿正经的能耐。"

后来，人们就用"獐鹿之辨"指代"正确的废话"。

开会的时候，我们最容易碰见这样的中层。让他们发言的时候，他们是一定要讲话的，且是长篇大论地讲，如若不然，似乎无法体现自己的存在。他们往往引经据典一大堆，夸夸其谈过后，看起来像是什么都考虑到了，可仔细一琢磨，他们说的那些话听起来十分正确，实际上里面有大一半是空话、套话，既没有与实际问题挂钩，又没能提出针对性的解决方案，通篇都是"正确的废话"。

作为中层管理者，就讲话这一件事情而言，无论是对上级汇报工作，还是给下级分配任务，都要把语言里的"水分"挤掉。有功就如实上报，有过则坦诚承认，这才是一个现代管理者要具备的素养。

有些中层明明道理都懂，却偏偏不这样做。你去听他们说的话，里面经常出现类似"加强沟通""深入挖掘客户需求""做好前期调研工作""对员工加强文化宣导教育"等语句，每一个都是"方向正确"的措辞，可在多数情况下，又没有什么实际上的指导意义。

那么，既然是无用的话，为何还要说呢？实际上，这里映射出了一些中层的"功过思维"——既想要贪功，又怕说得太具体导致过错。

不得不承认，这种"不求有功但求无过"的思想有时是环境造成的。不少企业里都有一个怪现象——赏赐有功之臣的时候，不情不愿、不清不楚，可惩罚有过之人的时候，突然变得效率奇高、铁面无私。如此环境，自然会滋生出一大批"功过思维"严重的员工与中层。

中层还要明白，"有功不赏有过必罚"的现象虽然时有发生，但在大多数情况下，还是"公道自在人心"的。有些企业之所以不奖赏有功之人，有可能是因为上层在考察员工或中层的功劳是否属实，考验其是否能够拥有不断为企业立功的能力。一旦这些考察结束了，有功之人可能就会得到意想不到的奖赏。

作为一个中层，特别是新中层，一定要明白："不求有功但求无过"的思想，意味着混吃等死，意味着不思进取，意味着停止进步。如果你想要更进一步，必须将这种思维模式从脑海里彻底拔除。在管理层面，不存在"无过便是功"，情况恰恰相反，"无功就是过"。

热播剧《延禧攻略》中有这样一个片段：太后生病，请太医开了一个方子。主角认为方子有问题，于是请名医叶天士来查验。叶天士看过方子之后说，方子上的所有药对人体是无害的，但也治不了病。可如果这个方子长时间地吃下去，就会让病情一拖再拖，最后无害的方子也会误了太后的性命。

管理也是如此，一个团队每天都会发生这样那样的问题。管理者如果仅仅为了实现不添麻烦的目的而不去解决任何问题，那就是严重的失职。到最后，整个团队一定会因为积压的问题集中爆发，从而遭受严重的损失。所以，对于中层管理者来说，"无功就是过"，这句话绝不是耸人听闻。

在中国几千年的传统文化中，中庸之道一直被某些人视为金科玉律。"不骑马，不骑牛，骑个毛驴走中游"，成了很多人的准则。这其实是对中庸之道的肤浅误读，他们并没有真正领会中庸之道的精髓。如果中层也这么想的话，那么整个团队很快就会丧失竞争力。在一个企业中，如果这样的中层太多，定会导致以下几种严重的后果：

·混日子的人越来越多

"不求有功但求无过"的思维，最直观的表达就是一个"混"字。凡事不愿意承担责任，能混就混，这样的中层多了，企业上下都会被感染，然后大家一起混。混日子现象是企业的"第一大害"，作为中层管理者，既要保证自己不能混，还得想方设法约束自己的员工，让那些混日子的员工混不下去。

·部门之间推诿扯皮越来越多

一个企业的中层如果有了"不求有功但求无过"的思想，就会觉得"干得越多错得越多，不干活就不会错"，由此逃避工作、逃避责任。可是，工作总要有人干，怎么办？很简单，把工作推给别人，把责任也推给别人。于是，企业里部门间推诿扯皮的现象就会越来越多，跨部门的协调也变得越来越难。

·流程愈发烦琐，审批愈发复杂

害怕承担后果，就用各种复杂的审批制度撇清责任，这也是一些中层惯用的伎俩。

某员工提出了一个方案，中层看了之后不愿意自己拍板，就说："你去找 ×× 领导看一下，让他签个字审批一下。"

签字的问题解决后，中层又想到，万一预算超标也是麻烦事。于是，他又说："你去找财务部审核一下，看看他们的意见。"

财务部审核过之后，中层又想到，万一其他执行部门不配合怎么办？到时候执行不下去，我岂不是也要负责任？于是乎，他又说："你去找 ×× 部门协调一下，看看他们是怎么说的。"

这样的中层，把一件事的所有责任都推得一干二净，他自己是安全了，可他的下属却忙得要死，承担了许多不该承担的任务。下一次，如果下属还有什么好的想法，他还愿意提出来吗？恐怕不会了。团队的工作能力，就是这样被削弱的。

不要以为，这样的事情只会发生在一些小企业里。实际上，在大企业里，这样的情况也如家常便饭，就连一贯以管理科学闻名的华为公司，也曾经出现过类似的现象。

几年前，华为的内部论坛上出现了一篇文章，文章的题目是《一次付款的艰难旅程》。文章中说，华为的审批制度太过烦琐，甚至将矛头指向了任正非的女儿、华为财务总监孟晚舟。任正非看过文章之后非常生气，他给全体员工和董事会成员签发了一封邮件，邮件中说："据我所知，这不是一个偶然的事件，不知从何时起，财务忘了自己的本职是为业务服务、为作战服务。"对于企业中用繁复的审核制度来逃避自身责任的现象，连任正非也感到十分愤怒。由此可见，这一现象对于企业的负面影响有多大。

如果一个中层萌生了"不求有功但求无过"的负面思想，他的职业生涯可能就要走到尽头了，很难再有什么大的发展；如果中层发现，自己的下属和团队萌生了"不求有功但求无过"的负面思想，那么整个团队的战斗力也将走向衰竭。

身为中层管理者，先要提高自己的认识，通过加强进取意识和责任意识，来避免陷入"不求有功但求无过"的负面思维中。同时，也要通过建立有明确目标的激励机制，建立有效的考核激励机制，给员工提供良好的发展空间等方式，来避免自己的团队滋生如此想法。

打起精神吧！杜绝"无过便是功"这一思想的蔓延。

中层思想力，决定企业竞争力

曾经有人提出一个经典的问题：管理是科学，还是艺术？

这个问题的正确答案是：管理学是一门科学，而管理的实践是一门艺术。

我们都知道，科学是讲求严谨的，一就是一，二就是二。所以，当我们在学习管理理论的时候，一定要本着一颗实事求是的心，严谨地求知、探索。然而，在进行管理实践的时候，我们却要针对不同问题、不同的管理对象，结合自己的管理特点，确定最终的管理方式。这就是艺术，追求个性，追求差异化。

简而言之，当我们学习管理学的时候，一定要系统、全面地学习；当我们运用管理学理论的时候，一定要有的放矢，将不同的管理理论根据实际情况，综合到自己的管理实践中。毕竟，我们不可能用一套理论去管理所有人，也不能不遵循基础的管理原则和管理理论，仅仅靠着自己的本能和直觉去管理。

当一个中层管理者能够把管理科学和管理艺术合二为一的时候，那我们就可以说，他掌握了"管理的思想"。没错，所谓的管理思想力，就是理论与实践结合，形成的一种只属于自己的思想力。反之，要形成自己的管理思想，就必须追求"知行合一"的管理境界。

腾讯公司的刘炽平，就是一个善于将理论与实践相结合的管理者，他的管理思想是腾讯公司不断攀登巅峰的一大重要因素。曾有人把刘炽平称为"打工皇帝"，实际上，在很多人的心目中，这个从中层一步步走到今天的管理者，早已具备了一个成功企业家的所有要素。

刘炽平出生在北京，父母都是香港人。他读书刻苦，25岁时已经拥有美国密歇根大学电子工程学士学位、斯坦福大学和西北大学两个硕士学位。

1998年到2000年，刘炽平曾先后任麦肯锡的管理顾问，高盛亚洲投资银行部电信、媒体与科技行业组的首席运营官。在这段时间里，他接触到了许多非常复杂的项目，例如：业内人士都知道的"广东粤海集团重组"项目，项目涉及100多家债权银行，400多家公司。刘炽平为了这个项目整整工作了两年，每天都要工作到凌晨两三点，项目做完之后，刘炽平对企业的管理、经营、执行等所有流程都有了全面了解。

刘炽平说，这个项目对于我来说是一次绝佳的机会，因为以前所有关于管理的知识，都是从书本上学到的，但是现在通过这个项目，我有机会和企业中的方方面面深度接触，去参与他们的工作、观察他们的管理模式，那些书本上学习到的知识，通过不断的实践变成了我自己的东西，我相信以后不管遇到什么项目，我都能完成。

后来，刘炽平来到了腾讯。上任之后，他表现出了全面的管理才能。

2009 年，他带领腾讯完成了面向即时通讯、网络游戏、门户网站和电子商务的全业务布局。2011 年 1 月底，他主导了腾讯产业共赢基金的建立。之后，他又主导了战略入股京东、入股滴滴等重要项目……他迅速成为腾讯不可或缺的人物之一。可能很多人都不知道，在腾讯公司，工资最高的人不是马化腾，而是刘炽平，他的工资是马化腾的五倍。

曾有人这样评价刘炽平：他的成功，是思想力的成功。一个管理者如果没有属于自己的管理思想，那么不管他多么优秀，终归是有上限的；那些掌握了管理思想的管理者，给他多大的平台，他就能发挥多大的价值。这就如同将领带兵打仗，一般的将领能妥善指挥一万人出征就很不容易了；优秀的将领可以带十万人，但那已经是他们的极限；而精通战略思想的将领，就如同韩信那样，他们是没有上限的，多多益善！

任何一个企业，都需要有思想力的中层。因为中层的思想力，决定了企业的竞争力。

国内有三家知名的互联网企业：阿里巴巴、腾讯、京东。

众所周知，前两个企业要比最后一家企业体量大。有人在谈论其中的原因时，调侃地说道："马云有蔡崇信，马化腾有刘炽平，刘强东有谁？只有他自己！"

我们不去讨论这么解释是否恰当，也许这是个人的见解与调侃，但有一个道理是肯定的：一个企业除了需要创始人、领导人发挥重要作用以外，"帮手"的作用同样不可忽视。每一个中层都要努力让自己成为这个重要的帮手，具体的做法就是，不仅要有理论，要善于实践，还要把二者结合起来，形成攻无不克的管理思想力。

所谓的管理思想力，指的就是能够在企业管理的基础框架下，不断提高思维能力、创造性，在管理中既不墨守成规，又能制定出科学有效的管理方案，同时能够创造性地提出问题和解决问题。

拿破仑曾经说过："宝剑和思想，是这个世界上最有力的武器。"他还进一步解释道，"思想可以支配人的行为，是所有力量的源泉。"管理的一个重要使命，就是能够有效地"支配"团队成员的行为。所以，要想成为优秀的管理者，一定要掌握思想的武器。

另外，中层还要明白，没有绝对正确的管理思想，只有最适合自己的管理思想。这与武林高手使用武器是同一个道理：屠龙刀那么厉害，你把它给了用剑的令狐冲，威力必然大打折扣。

　　观察国内知名企业家的管理思想，我们不难发现：每一个人的思想，都与自己身处的行业、企业有很大的关系。我们不妨分析几个真实的案例。

　　海尔集团的张瑞敏，他的管理思想是"擦桌子思想"，重要的是搞明白谁来擦、擦哪里、什么时候擦、谁来检查与考核。他之所以会形成这样的管理思想，是海尔集团的性质决定的。海尔是一家制造业企业，非常重视"流水线作业"，必须通过管理理顺每一个岗位的关系。

　　小米科技的雷军，他的管理思想与张瑞敏有很大的不同。他认为，管理需要培养一批有竞争力的合伙人！不需要 KPI，组织扁平化，提高运营效率！为什么呢？因为他执掌的是一家互联网企业，实现扁平化的管理方式，能够让每一个好点子第一时间由基层传递到高层，这是最有效的管理思想。

　　方太集团的茅理翔，他的管理思想是，把权力下放给有能力的人，但要把钱放到同一个口袋里。他会产生这样的管理思想，是因为他管理的是一家家族企业，如果不能把钱放进一个袋子里，就会导致企业中的家族管理者争相食利。

　　由此可见，每一个杰出的管理者都有一套符合自己企业实际情况的管理方法，这套方法既来自于他们的理论学习，又经过了长期管理实践的考验，最终升华为"管理思想"。

　　中层们应该向他们学习，既不能把学到的管理知识不加消化地用在管理实践中，也不能光凭着自己的直觉、本能去管理一个团队。古人说过："尽信书不如无书。"如果你不能因地制宜，有时理论就会害了你。所以，中层管理者一定要加强学习，从不同的地方汲取管理的营养，最终把理论与实践相结合，形成自己的管理思想。

稳定的中层扛起企业文化的大旗

现代企业非常强调企业文化的重要性。很多企业提出了不少高大上的口号，将这些口号挂在嘴上、挂在墙上，每天都要念上几遍。不过，口号终归是口号，它不是"咒语"，也没有"魔力"。如果光是念口号，再怎么虔诚，也不可能产生真正的企业文化。

那么，真正的企业文化在哪儿呢？其实，企业文化就在中层！

一种文化的形成，要通过两个方面来实现：一是口传心授，二是以身作则。两者之间，以身作则的效用要优于口传心授。

我们提出一种文化，然后将这个文化以某种方式让员工知晓，这是口传心授的过程。但这还远远不够，管理者必须要通过自己的言行，不断地践行企业文化的真谛，才能够让员工相信那些嘴上说的、墙上贴的内容不仅仅是口号，而是真正的行动指南。

那为什么说，真正的企业文化在中层，而且是在稳定的中层呢？

高层领导与普通员工之间普遍有距离感甚至是疏离感，普通员工连高层在做什么、想什么都无从知晓，更不要提去效仿了。中层则不同，中层与普通员工的距离很近，每天都在工作中接触，彼此之间既是领导与被领导的关系，也有合作的关系。

如果中层以身作则，普通员工能够看得见、感受得到。况且，以身作则不是一个短期的工作，只有稳定践行企业文化的中层，才能真正影响员工的价值取向，进而形成稳定的企业文化。如果一个企业的企业文化是守时，中层开始三五天做得还不错，但没过多长时间，就把这一文化抛之脑后了，那么员工自然就会怀疑这个企业文化到底存不存在、有没有用。

所以说，只有稳定的中层，才有稳定的企业文化。

很多企业在遇到困境的时候，往往不知道问题出在哪里？这个时候，细探究会发现，这些处在困境中无法自拔的企业通常没有"文化"，即企业内部没有统一的价值观。在快速发展的阶段，似乎一切还好，没什么问题；可一旦遇到逆境，就变成了一盘散沙，无法从逆境中脱离出来。

企业文化，可以说是一种正能量。一个有企业文化的企业，员工能够感受到能量的存在。所以，他们的心态会更稳定，遇事不疾不徐；没有企业文化的企业，只要你走进去，就会察觉到一种异样的氛围，每个人似乎都有自己的"小九九"，大家虽然在一起做事，可各有各的打算，各个心怀异志。这种氛围异样的企业，迟早要出问题的。

以国内某知名手机厂商为例，这家厂商曾经是国内前五的手机生产商，其品牌形象一度非常正面，可以说是前景广阔。可就是这样一家大企业，却始终没有形成自己的企业文化，或者说没有形成正面的企业文化。其中的原因，与企业中层的所作所为有很大关系。

这家企业的中层管理者大多数是企业创始人的亲戚，可以说这是一家家族企业。其实，家族企业也没什么问题，世界上有许多非常伟大的家族企业，如沃尔玛超市，是沃尔顿家族的企业；大众集团，是保时捷家族的企业；伯克希尔公司，是巴菲特家族的企业；福特汽车公司，是福特家族的企业……家族企业管理得好，同样可以获得成功。

但是，这家家族企业的"家族中层"们却不能很好地以身作则，带动自己的员工走上正确的道路。相反，他们总是做出一些损公肥私的事情。

有一次，企业研发出一款新手机，非常有希望成为新的爆款。当时，管理企业供应链的是创始人的弟弟，他为了给自己争取最大的利益，没把手机放到成熟的代工厂去制造，而是选择了一家当时已经存在巨大财务风险的公司。

对他的做法，有其他员工提出异议，但因为他是分管这一业务的中层领导，所以反对无效。结果呢？这款预计要生产一百万台的手机，因为代工厂提前倒闭，最终只生产了十万台。企业遭到了重大的损失，而那位中层却从中捞到了不少好处。

除了掌管供应链的中层"胡作为"之外，这家企业的其他中层也都把企业当成了自家的"一亩三分地"，各个只想着从中捞好处。那些不是老板亲戚的其他中层，也只剩下了两个选择：一是在夹缝中生存，委曲求全；二是效仿其他"皇亲国戚"，一心一意为自己打算。

在这样的管理氛围下，加之中层负面的"以身作则"，企业中的员工也都变得唯利是图起来。毕竟，有什么样的中层，就有什么样的企业文化。后来，媒体就爆出了企业营销部员工"内讧"的消息，甚至一度还上了热搜。与此同时，这一品牌的手机销量开始大幅下跌，这家发展较早、知名度较高，品牌影响力占据市场前列的手机厂商，眼看着走向末路。而将它推到绝境的，恰恰就是无力的中层，以及消极的"企业文化"。

只要留心观察，我们不难发现，那些最终能做大做强的企业，不一定是出身最好的企业，但一定是有"文化"的企业。一个有文化的企业，可以在发展过程中，不断地积累自己的正能量，等到整个行业从蓝海走向红海，各家企业都准备通过最后一搏来决出胜负的时候，决定成败的最重要的因素，往往就是文化。平日里，大家都在小溪里游，你我都差不多，可当游到尽头要跳龙门的时候，有底蕴、有文化的企业一跃成龙，而没底蕴、没文化的企业，跳几下就摔下去，最终力竭而亡。

作为中层，如何才能为企业注入正能量，实践出积极的企业文化呢？

·营造情绪氛围，提升个体感受

有人认为，文化是一种"生产工具"，构建企业文化就是为了提高生产力。折腾了半天，如果生产力没有提高，就认为企业文化没用。实际上，这是一种典型的短视思维。

构建企业文化的终极目的是什么？不是为了提升生产力，而是为了让每一个员工知道自己为什么要生产，而后，怀着一种积极的心态去生产。至于生产力的提高，那不是目的，而是结果。只要目的达到了，自然会有好结果。

中层管理者要做的是，让每一个员工都能感受到企业文化带来的正能量，让每一个员工都能享受其中，而不是为了刻意地营造一种所谓的团队气氛，不停地打鸡血、说教、组织一些没有意义的动员会，完全不顾员工的个体感受。那叫"洗脑"，不叫企业文化。

·塑造精炼的企业文化

有些企业在构建企业文化时，似乎想要包罗万象，把一大堆自认为能够激励员工的口号揉在一起，让员工自己去领会。结果，折腾来折腾去，员工都不知道企业的核心价值观是什么。

真正好的企业文化,往往是简单易懂的。我们可以盘点一下知名企业的核心价值观:

- 华为——为客户创造价值
- 贵州茅台——弘扬茅台文化
- 阿里巴巴——让天下没有难做的生意
- 百度——用科技让复杂的世界更简单

看,这些知名的大企业,每一家都有数以万计的员工,数不胜数的分支业务,可它们只用了简简单单的一句话,就概括了自己的企业文化,并将所有的人、所有的事业,都统一到了企业文化里。这,才是真正的企业文化。

·开放沟通渠道,用思想碰撞出文化火花

文化是探讨出来的,管理者一厢情愿、强制推行的"企业文化",一定是没有"根"的。中层管理者在宣扬企业文化时,切忌自说自话,更不要太教化,要让员工讲话,让员工解读,也要听得进反对的意见。

有些中层管理者担心,如果其他人反对自己会影响到自己的权威,影响某项政策的推行。其实,这是杞人忧天。就算你能让一个人、一群人闭嘴,但你无法打断他们的思想,而企业文化恰恰是生于思想、发于思想的。与其让他们在内心里暗自打鼓,不如让大家把话都讲出来,通过思想的碰撞,照亮企业文化的前景。

或许，新的思维方式一旦建立起来，这些旧问题就会自动地消失，

Chapter/09　中层胜在"三才干":决策有帅才,带队有将才,执行有慧才

管理没有大小事之分

前面说过,中层在安排自己的时间时,要遵循"要事第一原则"。

对此,可能有人会简单地理解为:所谓要事,可以跟"大事"画等号,大事就是重要的事,小事就是不重要的事情。实际上,这种认识是偏颇的。所谓要事,指的是直接影响管理原则、管理目标和管理方向的事件,与大小无关。

·管理上不分大事小事

管理一个团队,就如同带领一支军队,你不仅要关心战

略和决策，还要关注军队中、战场上那些看起来微不足道，却会对战争走向形成关键影响的细节。中层管理者要明白一个道理——战场上不分大事小事，只有让你赢的事和让你输的事。

2012 年，董明珠"处理"了一名中层干部。原因很简单：当时，这位中层干部要去火车站送自己的父母回家，但在请假的时候，他却谎称自己要去见客户。董明珠知道了这件事情以后，在第一时间就免掉了这位中层干部的职务。

有人认为，不过就是一件小事，有必要这么严肃吗？再说，就算是要"处理"这位干部，也用不着董明珠亲自出面啊！然而，董明珠给出的解释是，虽然他只是说了一个小小的谎言，且送父母去车站也是天经地义、合情合理之事，但在这种事情上都要说谎，以后碰到其他的事情，说不定会做出什么样的行为！就算是一件小事，也要引起足够的重视，也要重新评估这位中层的人格品质。

除此之外，董明珠还表示：处理一个中层干部，对于格力这么大的一家企业来说，虽然不是什么大事，可如果不能把一些有可能会造成更大负面影响的小事处理好，最终还是要出大事的。

当领导不仅要管大事，更要每天拿着放大镜来管小事，小事管好，不出大事。

·事情的影响力与大小无关

在管理中，中层要记住一点：不能用小事或大事来对事情进行分类。你需要重点判断的是，这件事情造成的影响力是有限的，还是深远的。对于那些会造成深远影响的事情，一定要重点关注；而那些只会造成有限影响的事情，可以暂时先放一放。

一件事情造成的影响，是有限还是深远，有时跟事情的大小没关系。

在图形界面刚出来时，计算机上所有的图形都以矩形为基础，可乔布斯却认为，圆角矩形的图标更符合审美的需要。所以，他亲自给一位工程师下命令，让他制作圆角矩形的图标。

那位工程师觉得，图标是矩形还是圆角矩形，根本没有什么太大的区别，这只是一件很小的事情。为了这件事花费极大的功夫不值得，为此竟然拒绝了乔布斯的命令，并且说："难度太大，改变很小，不值得。"

乔布斯听后，当场就愤怒了。他把这位工程师拉到了大街上，指着大街上圆角矩形的广告牌说："全世界的商店都知道用圆角矩形来招揽客户，你却认为这不重要？"这位工程师顿时开悟了。之后，他花了很长的时间，完成了乔布斯交给他的这件小任务。

结果，大家都知道了，苹果系统中的圆角矩形图标，成为苹果产品的一个标志性特征。当初他们做的这件小事，也成了塑造苹果品牌形象的重要一环，对苹果产品的审美水平、受欢迎程度带来了极大的影响。

苹果公司的成功，离不开"把有影响力的小事做好"。事实上，乔布斯本身也是一个把"小事"看得很重的人。据说，乔布斯会趴在电脑上一个像素一个像素地看那些按钮的设计，还对自己手下的设计师们说："你们要把图标做到让我想用舌头去舔一下。"就因为执着于小事，所以苹果的产品在细节上非常出色，质感非同一般。

现在，不少管理者整天在喊"大战略""大规划""大数据"，似乎凡事都求大，完全忽视了小。惠普创始人戴维·帕卡德说过："小事成就大事，细节成就完美。"小的细节，有时比所谓的"大事"更重要。只有当你关注细节的时候，才会真正发现管理的纵深之美。

许多人喜欢去屈臣氏买东西，为什么呢？因为里面的陈列井井有条。再仔细观察，还会发现屈臣氏的商品标签和其他商场完全不一样，标签上除了注明商品价格、商品名称、规格、产地外，还有很多细节。屈臣氏里的商品标签有的是黄色的，有的是绿色的；有的标签上写着字母"R"，有的标签上写着字母"W"。这都是什么意思呢？黄色的标签，代表着商品正在促销；而绿色的标签，代表着正常的价格；字母 R 代表长期促销，字母 W 代表当期促销。

通过这些标签，屈臣氏的员工可以迅速获知商品的销售状态。每当有顾客来问的时候，他们自然能够不慌不忙地加以解答。这就是细节管理的威力，当你把细节做好了，就能够快速地建立管理的秩序。

有些商店不太重视这些细节，总是试图通过投入大量的员工培训来建立管理秩序。他们会花费大量的时间培训员工熟悉产品信息，还会通过价值观的输出来调动员工的积极性……看起来，做的全是大事，可效果并不明显。归根结底，还是因为眼里只有大事，却没有把基础的小事做好。

·管理要"防微杜渐"

一个动物园的管理员发现园中的袋鼠跑出来了，这还了得。为了防止袋鼠再度出逃，他马上找来砖和水泥，把动物园的墙从两米加高到了三米。结果发现，袋鼠还是会跑出去。于是，管理员再度上阵，把围墙加高到了五米，累了个半死。可他发现，袋鼠还是能跑出去，他考虑是不是要进一步加高围墙。

这个时候，有个人跑过来说："袋鼠都跑了，你也不管管？"

管理员说："我怎么没管？你没看到我天天都在这儿辛辛苦苦地垒墙？"

那个人说道："动物园的门锁坏了，你不换一把，垒墙有什么用？"

墙矮关不住动物，垒墙又是一个大工程，也很重要，但小小的门不关好，墙再高也无用。这就是典型的顾大不顾小造成的笑话。在管理中，类似的笑话也经常发生。很多管理者习惯了用"大视野、大格局"看待问题，却忘了管理中"防微杜渐"的原则。

在麦当劳的发展历史上，曾经有过这样一位执行官。他一心想着如何在全球范围内扩张店面，如何让麦当劳成为全世界最大的连锁餐饮品牌，完全忽视了店面环境的整洁，以及服务质量等细节问题。

我们都知道，麦当劳之所以备受全球消费者的喜爱，很大一部分是因为他们店面整洁，服务优良。环境和服务与扩大规模比起来，好像是两件小事，却是体现麦当劳品牌价值的金字招牌。当麦当劳失去了这两张王牌之后，销售额一落千丈，而那位执行官的宏图壮志也就此搁浅。

后来，新任的执行官上岗，他没有制定什么全球战略、品牌战略，就是踏踏实实地把店面卫生和服务质量这两件小事做好。在他的管理之下，麦当劳的卫生间甚至比普通人家中的自用卫生间还要干净。这么一件小事极大地提升了麦当劳的品牌形象。很快，麦当劳又恢复了发展的活力，成为快餐界的霸主。

这就是"以小见大"的管理秘诀。身为管理者，有大战略、大眼光肯定不是缺点，但如果只有大战略、大眼光，却忽视了那些影响深远的小事，往往也会招致失败。反过来，能够发现有影响力的小事，并把小事做好，给企业带来积极的、深远影响的管理者，才是真正有大战略、大眼光的管理者。

中层难，难在"才干复合"

以现代企业的发展模式来看，中层必须是一位多面手。

负责销售的中层，如果完全不懂产品，肯定当不好这个管理者。现代产品的技术含量越来越高，掌握产品特性的难度也随之增大，销售中层不能仅仅是"略懂"，而是要"非常懂"才行。反过来，做产品的中层，如果完全不懂市场，不懂销售的原理，也是不行的。所以，中层难就难在要把多种才能集于一身，即所谓的"才干复合"。

在过去的几十年时间里，硅谷培育出了众多优秀的公司，这里也形成了独特的管理者文化。当人们总结硅谷管理者文化的时候，总是要说一句："在硅谷，那些最优秀的管理者往往都是多面手。"

埃隆·马斯克就是一个典型的例子。埃隆·马斯克在四十多岁时，已经创办了四家价值数十亿美元的企业。更为关键的是，他的四家公司来自于四个不同的领域——软件、能源、交通、航空航天。那么，他如何管理这四家截然不同的企业呢？

我们常说，管理者要有专注力。没错，在工作上，管理者必须要专注于自己的本职。但是在学习上，管理者不能只精通一门，而要博采众长、广泛涉猎。你要相信，世间万物的道理到最后都是相通的，无论你学什么，只要学到深处，都能够为你当下的工作提供养料。

埃隆·马斯克就是这样一个人。据他的弟弟金博尔·马斯克介绍，哥哥非常爱看书，且什么类型、什么领域的书都看——科幻小说，哲学，宗教，编程，科学家、工程师和企业家的传记……似乎没有他不喜欢看的。

起初大家都觉得，什么都看，没有目的性，不就是瞎看嘛！可是，随着马斯克在不同的领域均获得成功，人们才领悟了那个道理：你学过的每一点知识，都不会辜负你。不过，马斯克之所以能够高效地利用自己所学到的知识，其实是有一套办法的，那就是迁移学习法。

所谓迁移学习法，要点就是知识解构和重组。马斯克发表在某问答网站上的一篇文章，介绍了知识解构的原理——先了解所有知识的基本原理，然后把不同的知识放到同一个框架内进行思考。比如，你看了一本佛经，佛经上说一钵水有"八万四千虫"，这是一个知识点；然后，你又看了一部关于微生物学的书，书上说水中有很多看不见的微生物，如细菌、真菌等。佛经和生物学，当然是不同的知识类型，但如果你能把它们放到一起，从一钵水有"八万四千虫"联想到微生物的相关研究，其实，就等于把知识解构再重组了。

　　马斯克在创业的过程中，总在不断地解构和重组自己的知识。以特斯拉电动汽车为例，特斯拉电动车制造囊括了传统汽车制造、电池管理、自动驾驶、外形设计、电池控制软件等方方面面的知识。可不管是哪个具体的部门，马斯克都会深度参与到他们的工作中去，然后通过汇总，将形形色色的"知识点"汇集到最终的产品上，这就是典型的解构和重组。

　　作为中层管理者，千万不能教条化，认为专业化就是最好的，是通往成功的唯一途径。对于员工来讲，或许是这样的，如果他能在自己的专业上做到最好，那他就是最优秀的员工。可是管理者不同，他需要成为一个"通才"。

　　传奇的管理大师巴克敏斯特·富勒说："我们的这个时代，往往认为越专业就约有逻辑性和可取性，但与此同时，人们似乎失去了综合理解能力。过度地追求专业化，对于管理者尤其不利，会让他们产生鼓励、徒劳和困惑的感觉。而过度专业化在某种程度上也在磨灭个体的思考，更容易使管理者形成偏见。"

　　职场教练埃米莉·瓦普尼克在她的《遍尝人生》一书里，也提出了一个非常重要的概念——"多项潜能者"。埃米莉·瓦普尼克认为：在如今这个日新月异的年代，能够整合不同领域、适应力强的通才，要比专才更适合成为管理者。因为通才能够使用不同领域的知识和技能，深入了解不同领域的关系，这使得他们形成了独特的"专业能力"。

一般来讲，通才需要具备三种能力：

·融会贯通的能力

有些人学东西，看山就是山，看水就是水。在他们眼里，山水是不相容的。

实际上，这就是缺乏融会贯通的能力。学习的时间很宝贵，在学习中如果能够做到举一反三，就相当于用一份时间，学习到了一个知识的三种形态，可以极大地提高学习效率。

融会贯通的根本在于联想，即学会用一种知识去解释另一种知识。

学习历史时，我们会发现有几个地方总是在打仗，如山海关。如果只是单纯地学习历史，我们只能学到"山海关是军事重镇"这么一个知识点。至于它为什么是军事重镇，在历史学习中是找不到答案的。

然而，在学习中国地理的时候，我们却能够找到谜底。看到燕山山脉的延续走向，你会发现，燕山山脉横在东北地区与北京之间，一支古代军队想要穿过茫茫群山直接攻打北京，是不可能的事。唯有山海关那个地方，有一条天然的进京路线，所以大部队想要攻打北京，必须先要经过山海关。所以，山海关才能成为历史上的军事重镇。

通过这个小例子，我们可以得到两个启示：

首先，就算是解决你所处领域的专业问题，有时也需要一些其他的知识作为补充。

其次，想要让两种知识相互之间产生联系，一定要发挥联想的作用。在认识新事物的时候，要把它和更多其他领域的认识联系到一起，这样不仅能够加强我们融会贯通的能力，也能够加深我们对具体事物和普遍规律的认识。

·多任务切换的能力

在管理的过程中，我们经常会碰到这样的情况：交给某人一个任务后，中途千万不要再让他做其他事，否则的话，哪一件也做不好。也就是说，这类人只能适应单一任务。作为普通员工，这也不算是什么硬伤，可作为中层管理者，却是一个弱点。

中层管理者的工作性质，决定了他必须要进行多任务处理。很简单，当你在做一件事情的时候，一会儿员工过来请示问题，一会儿老板给你布置一个新任务，一会儿其他部门的同事过来协商工作……很多时候不可能有条件只做单一的任务。

如果中层管理者想成为通才，一定要培养在各任务间灵活切换的能力，不断加强适应环境变化的能力，更要能随机应变地解决问题。

·包容的能力

一个人能够学习不同领域的知识，首先是因为他不排斥自己专业外的其他知识。但很多人不是这样，我们在生活中经常会发现一些"鄙视链"——学哲学的鄙视学数学的，学数学的鄙视学物理的，学物理的鄙视学天文的……如果你也在这个鄙视链里，那就说明，你在排斥自身专业外的其他知识，缺乏"包容性"。

这不是好的习惯，会让你丧失成为通才的心理基础。对于任何知识，我们都要多一些包容，不要因为一些刻板的偏见，否认某种知识存在的合理性。这不仅是对中层管理者的要求，也是对每一个人的要求。

对于专才与通才，从同一个浅层维度来讲，专才解决事情的能力更强。可是，一旦通才融会贯通各领域的知识，架构起领域间的底层逻辑系统之后，就会因为量变产生质变，上升到专才难以企及的高度去看待问题。身为中层管理者，一定要用好专才，因为他们是"即时战斗力"。与此同时，还要努力想办法成为通才，给自己一个站在更高点的机会。

为员工想，替老板操心

吴起是战国时期的名将，在战场上屡立战功，让敌人闻风丧胆。这样一个战场上冷酷铁血的人，对待自己的士兵却非常的"仗义"。

有一次，他麾下的一个普通士兵患上了毒疮，很长时间都没有好。吴起知道后，亲自去帮士兵把毒疮里的脓吸了出来。不久之后，士兵就痊愈了。

有人把这件事情告诉了士兵的母亲，士兵的母亲听后，放声大哭。别人问她："将军对你儿子这么好，你为什么还要哭？"母亲说："你们不知道啊，当年孩儿他爹也得了毒疮，吴起也帮他吸了出去。从那以后，孩儿他爹为了报答将军的恩情，在战场上奋勇争先，不久之后就战死了。如今我的孩子又是这样，我担心我的孩子和他父亲一样啊！"

吴起用兵，之所以能够实现指哪打哪、攻无不克，除了因为他是一位杰出的战略家之外，还因为他对部下非常仁爱，让他的部下心甘情愿为他效命。将才用兵如此，管理也是如此。

有些中层认为，关怀员工是企业的事，是老板的责任，"我"所做的一切，以达成目标为准，只要能带领员工拿到成绩，就等于完成了工作。实际上，在关怀员工这件事上，中层有必要替老板操心，多替员工着想。

企业设立中层职位的原因何在？实际上，就是因为老板没有时间和精力，或者不适合直接从事某项工作，才委托你来做这些事。换而言之，中层就是老板在基层的代言人。关心员工这件事情，如果你不去做，可能就没有人做了。事实上，多为员工想一想，获利的也不仅是企业和老板，还有中层自己。

成功的企业，必然是有温度的企业；没有温度的企业，暖不了人性，留不住人才。

某企业有一位非常能干的员工，在团队中担任要务，连续多年被评为优秀员工。

今年五月份，这位员工的父亲心脏出了一些问题，做了搭桥手术。员工多年来忙于工作，在父亲身边的时间很少。父亲生病之后，他很内疚，所以在父亲养病期间，他一边照顾父亲一边工作。不用说，工作效率自然下降了不少。

主管发现问题后，把他叫到办公室，说："你最近工作不太上心啊！我希望你能把工作和家庭平衡一下，不要顾此失彼。"主管自认为这番话说得很得体。可是，员工听过后，却感到格外心寒。一气之下，这位员工提出了辞职。

员工离职后，部门的业绩大打折扣。主管在向高层领导述职的时候，把所有的责任都推给了这位员工，说因为他的离职，在单位内部造成了恶劣的影响，耽误了工作的进度。

听过后，高层领导只说了一句话："既然他这么重要，为什么你没能留住他？"

中层要明白一点：你以什么样的方式对待员工，员工就会用什么样的方式回报你。

这不是什么心灵鸡汤，而是科学验证过的真理。

心理学家罗森塔尔在某学校做过一个心理学实验：他从不

同班级随机抽选了 18 位被试者，他不认识这 18 人，也不知道他们的学习状况。但是，他把这 18 个人的名单给了校长后，很认真地说："这 18 个孩子智商过人，你们一定要多关注，多给予正面的引导。"

半年之后，罗森塔尔来到学校考察，发现这 18 名学生确实要比一般学生优秀。等他们逐渐长大之后，罗森塔尔还在关注他们的情况。结果发现，这 18 个人全都在不同的岗位上做出了非凡的成绩。

难道，罗森塔尔有未卜先知的能力？或者，他有某种魔法，随便抽取 18 个人，就能保证他们都是非常优秀的人？当然不是。真正的原因是：当罗森塔尔告诉校长这 18 个人很优秀之后，全校都非常重视他们，老师们对他们的态度多以鼓励和赞扬为主。在这样的环境下，这 18 个人拥有了更好的外部环境和正面的心理暗示，所以才会变得更加优秀。

歌德说过："如果你当他是能够是或应当是的人来对待，他就会变成他能够是或应当是的那种人。"其实，这句话和上述的实验，印证的都是同一个道理——共鸣现象。

共鸣现象在人类社会中随处可见，在管理上也是一样。

你对员工好一点，认为他们可以成为更好的人，多给他们一些鼓励，员工就会朝着你所期望的方向发展。相反，你以冷漠、无情、苛责对待员工，员工就会对公司缺乏认同感、对自己缺乏信心，从而变成"糟糕的人"。所以说，很多时候，不是管理者招了一堆糟糕的人，而是管理者把员工培养成了糟糕的人。

在"共鸣现象"这方面，格力电器的管理者做得就很好。

格力电器的中层管理者曾经做过一个员工普查，结果发现：很多元老级的基层员工至今仍然是"外地人"。他们来到格力公司所在的城市，生活工作了大半辈子，最终还是不能获得这座城市的户口。中层管理者把这一情况上报给了董明珠，董明珠也认为：老员工为格力、为城市做出了那么多贡献，最终却不能成为这座城市真正的主人，很不公平。于是，董明珠专门给市政府打报告，希望市政府能够解决老员工的户口问题。

有人不理解董明珠的做法，他们的观点是：老员工都快退休了，退休之后可以回老家颐养天年，格力的工资比同行要高出很多，他们做了这么多年，生活肯定不会差，管那么多做什么呢？董明珠的回应是："他们退休了也是格力人，就要为他们多想一想。"

董明珠在作客人民网直播时提到，要让每一名格力员工享受到两室一厅的待遇。格力其他高层也提到从每人一间房开始，到已婚员工过渡房，再到人才公寓，有公司自建、公司购买等多种方法。将来每位员工是两室一厅，只要你在这个企业一天，就可以一直住下去。

由于格力对员工好，所以在人才流动相当大的制造业里，格力公司的员工普遍保持着较高的忠诚度，这也是格力成功的一个重要原因。董明珠说："这些不是用钱买的，是用心换来的，你爱一个人，相信他一定会爱你，一个企业要将员工当做宝贝看，才能留住人才。"

没错，中层想要在今天的企业竞争中取得优势，就必须要相信：人，是一个组织中最有价值的财产；唯有善待人，他们才会成为你希望他们成为的那种人。

中层做得好不好，员工有切身感受。

如果你让员工觉得，他就是个小卒子，可有可无，哪天单位不需要了，随时可能成为牺牲品。试想一下：带着这样的心态，员工的能力再高，他愿意和可以发挥出的能量有多少呢？如果你让员工觉得，他虽然做的是基层的工作，却是受尊敬的、被看重的，甚至是不可取代的，他又将如何表现呢？

事实，也的确如此。如果一个岗位不重要，你为什么要安排人在岗位上呢？如果每个人都可以轻易被取代，你为什么不现在就让他走呢？作为中层管理者，当你觉得某个员工不重要的时候，你最先应该反省的是你自己：为什么会有这么一个可有可无的岗位？这难道不是自己的失察吗？为什么你觉得这个人一定不行？当初又是谁把他招到这个团队中来的？

如果你觉得自己的手下尽是庸才，其实不是人的问题，而是管理的问题。如果你对团队多付出一点爱，对每一个团队成员多用一点心，或许情况就会不一样。

执行慧才与"生产力周期"

管理的终极任务是提高执行力，而执行力主要体现在两个方面：

第一，解决问题的能力。

当你的团队面对一个任务时，先要具备完成这个任务的能力，才算是具备了执行力。

第二，在一定时间内解决问题的能力。

光有能力完成任务是不够的，还要考虑完成的时间。

比如，如果一项任务交给你，你有能力完成它，但需要花费一年的时间，而这项任务必须在一个月之内做好。很显然，你并不具备完成这项任务的执行力。

再如，有一项任务摆在两个团队面前，第一支团队需要一个月完成任务，第二支团队十天就能完成。那我们就可以说，第二支团队的执行力更强。

可见，执行力包含着两层意思，一是能力，二是时效性。能力是执行力的基础，时效性是执行力的重要考核标准，两者在管理中缺一不可。

大部分中层管理者其实都不缺乏执行力，但有时就是不能体现出很好的执行力，这是为什么呢？其中最重要的原因是，许多管理者把执行力当成了一个固定值，而在实际的工作中，同一个团队在不同的状态、时间段下，执行力是不一样的，它是一个动态的、变化的值。不能认识到这一点，就会错误地估计团队的执行力，产生较大的管理疏漏。

执行力为什么会是一个动态值呢？这是因为，员工有自己的"生产力周期"。

你可能听说过产品的生产周期，或是经济发展周期，但还从来没有听说过员工的"生产力周期"。其实，这个概念很好理解，它指的是，一个员工在不同的时间工作效率也不相同。

举个例子，某团队中有这样五位成员——

A员工，习惯每个月月初努力工作，快到月底的时候，他就会考虑到什么地方玩，放松一下。所以，他在月初时的生产力达到了顶点，越靠近月底，生产力越低。

B员工，月初慢条斯理不着急；月中的时候发现很多工作没有做，开始努力；到了月底的最后几天，正是他头悬梁锥刺股努力赶工的时候，生产力达到了巅峰。

C员工是一位13岁孩子的母亲，每个星期五孩子都会提早放学，所以星期五的时候，她倾向于早回家，无心工作。周末的时候，她要带着孩子四处玩，所以星期一的时候精神状态较差，但是星期二到星期四这三天，是她生产力最高的时期。

D员工，"夜猫子"一枚，每天睡得很晚，早上状态不好，中午休息一会之后，效率达到巅峰，且习惯加班。所以，他效率最高的时候，是下午两点到晚上九点。

E员工，状态相对稳定，生产力始终保持在一个水准上。

如果你是这个团队的管理者，你会怎么安排工作？

如果你在月初的时候，把重要的工作交给B员工，他肯定完成不了，会影响整个团队的执行力。相反，你如果在月底的时候重用他，却会有很好的效果，执行力也会加强。

如果你有一件事情，星期五布置下去，星期一要看到效果，你却恰恰把这件事情交给C员工，那么，很抱歉，她十有八九会掉链子。你觉得，这是她的错，还是你的错？

中层管理者当然希望，所有的员工都能像E员工一样，保持稳定的状态。但如果你把非常重要的事情全都交给E来做，你也应该能够预料到，在漫长的执行周期里，E员工的生产力也是会逐渐递减的，且递减到某一个临界点的时候，会出现断崖式的下跌。到那个时候，还是会影响团队的执行力。

所以，中层管理者最忌讳的一点就是——认为自己的员工是机器，他们永远稳定，你掌握着那个开关，说开就开，说关就关。事实上，这是不可能的。人和机器最大的不同在于，人有主观意识，而主观意识会让他们的生产力产生波动，这是不可避免的。

那么，如何解决上述这一问题呢？答案就是，通过合理的管理，尽量减少生产力周期性波动带来的负面作用，进而让团队的执行力保持在一个比较稳定的数值之内。

为了达成这一目标，你首先要熟知每一个员工的生产力周期。如果有些周期是你可以干预和调整的，你就可以通过交流帮助员工调整他们的生产力周期，尽量让它趋于稳定。如果有些生产力周期是不可能被干预的，比如说，C员工的生产力周期，只要她的孩子还是一个在校的学生，就很难发生改变，你总不能让人家对孩子不管不顾。对于这样的情况，你就需要在安排工作的时候，把C员工的生产力周期考虑进去。

除此之外，还有几种管理方式可以让生产力周期的负面作用降至最低：

·复合执行法

你可以给员工安排几种不同模式的工作，让他自己选择执行时间。

如果一个员工只领到了一种工作，那他就不能进行自我调整。你可以安排几种不同模式的工作，如机械化的工作，大量动脑的工作，比较紧急的工作，不太着急的工作，这样就能让员工根据自己的生产力周期，主动安排自己的工作。

比如，脑子混沌的时候，可以完成那些机械化的工作；精神状态好的时候，可以完成大量动脑的工作。一天内工作效率低的时候，可以做不太急的工作；工作效率高的时候，可以去突击比较着急的工作。

如此一来，就可以有效地提高员工的执行力。

·压缩完成周期，给予弹性时间

如果是一项要求在 5 天之内必须完成的工作，你可以安排员工 4 天完成，把最后 1 天作为弹性时间。因为在现在的工作环境中，大部分员工的工作量都不是"满负荷"的。

通常上级交代用 5 天完成的工作，如果员工能够保持比较好的状态，3 ~ 4 天就可以完成。所以，当你压缩了工作完成周期之后，他们其实在理论上依然可以完成。这样一来，他们就会根据那个较短的时间来调整自己的生产力周期，从而主动提高工作的效率。

如果员工最后安排得当，确实完成了任务，那么最后 1 天的弹性时间，可以作为对他们的"奖励"（当然这件事情，或许只有你自己清楚）；如果没有完成任务，那么还有 1 天弹性时间，能让他们接着去完成任务。此时，你要象征性地给一些小小的惩戒。千万不要让员工觉得，你安排的工作时间都有水分，可以拖延，那样的话，只能让你团队里的人都患上拖延症。

另外要强调的是，如果员工提前完成了任务，一定要把最后 1 天的弹性时间给他们。很多管理者看员工提前完成了任务，似乎就忘了有这么一个弹性时间的存在，马上让员工进入到下一项任务中。如此一来，员工始终都在高负荷工作。时间长了，他们就会反弹，变得消极怠工，到时候再想扭转他们的工作态度, 就晚了。

· 尽量让员工做其擅长的事

员工在对待一般性工作的时候, 生产力周期是牢不可破的。但如果你挖掘员工的兴趣所在, 让他们做自己擅长的、喜欢做的事, 他们很可能会主动打破自己的生产力周期, 以更大的热情、更高的效率投入到工作中, 执行力也会得到提升。

人们常说, 管理者要"知人善任"。知人善任, 是每一个中层管理者都要追求的境界。你要知道员工的能力所在、兴趣所在, 然后将其放到能够让他们感觉到舒适, 并能激发他们最大激情的岗位上, 这样才能充分地调动一个人的主观能动性。

唯有这样, 管理者才能进入"无为而治"的至高境界, 成为真正的执行慧才。

或许如何思维，
以思维什么更重要

图书在版编目（CIP）数据

把管理做到极致：新中层领导力精进 / 曾伟著. -- 北京：中华工商联合出版社，2019.11（2024.2重印）

ISBN 978-7-5158-2608-0

Ⅰ．①把… Ⅱ．①曾… Ⅲ．①企业管理 Ⅳ．① F272

中国版本图书馆 CIP 数据核字（2019）第 233560 号

把管理做到极致：新中层领导力精进

作　　者：曾　伟		
特约策划：长尾研究社		
责任编辑：于建廷　臧赞杰		
责任审读：傅德华		
营销总监：姜　越　闫丽丽		
营销企划：闫　晶　徐　涛　司小拽		
推售推广：赵玉麟　王　静		
版权推广：袁一鸣　吴建新		
装帧设计：周　源		
责任印制：迈致红		
出　　版：中华工商联合出版社有限责任公司		
发　　行：中华工商联合出版社有限责任公司		
印　　刷：三河市同力彩印有限公司		
版　　次：2020 年 1 月第 1 版		
印　　次：2024 年 2 月第 2 次印刷		
开　　本：710mm × 1000 mm　1/16		
字　　数：200 千字		
印　　张：7.875		
书　　号：ISBN 978-7-5158-2608-0		
定　　价：69.00 元		

服务热线：010-58301130　　　　　　　**工商联版图书**
销售热线：010-58302813　　　　　　　**版权所有　盗版必究**
地址邮编：北京市西城区西环广场 A 座
　　　　　　19-20 层，100044
Http：//www.chgslcbs.cn
E-mail：cicap1202@sina.com（营销中心）　　凡本社图书出现印装质量问题，
E-mail：y9001@163.com（第七编辑室）　　请与印务部联系。
　　　　　　　　　　　　　　　　　　　　　　联系电话：010-58302915